ESQUISSE

DES

PRINCIPAUX FAITS

DE NOS ANNALES NATIONALES

DU XIIIᵉ AU XVIIᵉ SIECLE,

TELS QU'ON LES TROUVE PRÉSENTÉS
DANS LEUR GERME, LEUR DÉVELOPPEMENT ET LEURS CONSÉQUENCES
DANS LA COLLECTION
DE NOS ÉCRIVAINS ORIGINAUX DE CHRONIQUES ET MÉMOIRES,

PAR

J.-A.-C. BUCHON.

POUR SERVIR D'INTRODUCTION A LA LECTURE DES CHRONIQUES DU PANTHÉON LITTÉRAIRE.

PARIS,

AUGUSTE DESREZ, IMPRIMEUR-ÉDITEUR,
RUE NEUVE-DES-PETITS-CHAMPS, 50.

M DCCC XL.

BATIGNOLLES-MONCEAUX. — IMPRIMERIE D'AUGUSTE DESREZ, RUE LEMERCIER, 24.

DIVERS OUVRAGES

DE

M. J.-A.-C. BUCHON.

VIE DE TORQUATO TASSO. — 1819. — 1 vol. in-8° de 188 pages.

COURS DE LITTÉRATURE DRAMATIQUE ANGLAISE ANCIENNE, fait à l'Athénée en 9 séances, en 1820. — 1 vol. in-8° de 234 pages (tiré à petit nombre).

HISTOIRE ABRÉGÉE DES SCIENCES MÉTAPHYSIQUES, MORALES ET POLITIQUES, depuis la renaissance des lettres, traduite de l'anglais de Dugald Stewart et précédée d'un discours préliminaire du traducteur (82 pages). — 1819—1823. — 3 vol in-8°.

LOIS ATHÉNIENNES, traduites du latin de Samuel Petit. — 1822. — Brochure in-8° de 88 pages.

DOCUMENS HISTORIQUES SUR LES DERNIERS ÉVÉNEMENS ARRIVÉS EN SICILE. — 1821. — Brochure in-8° de 106 pages.

CHRONIQUE GRECQUE ANONYME DE LA PRINCIPAUTÉ FRANÇAISE DE MORÉE, traduite pour la première fois d'un manuscrit grec inédit, avec le texte grec de l'introduction, notes et glossaires. — 1825. — in-8°.

CHRONIQUE GRECQUE ANONYME DE LA PRINCIPAUTÉ FRANÇAISE DE MORÉE. Deuxième édition de la traduction et première édition du texte grec inédit dans son entier, avec notices sur le chroniqueur de Morée et sur Dorothée, son abréviateur en prose, notes historiques, tableaux généalogiques index des mots grecs d'origine française et glossaires géographique et onomastique. — 1840. — 1 vol. grand in-8° à deux colonnes.

ATLAS GÉOGRAPHIQUE, HISTORIQUE ET STATISTIQUE DES DEUX AMÉRIQUES ET DES ILES ADJACENTES, traduit de l'Atlas américain, avec de nombreuses additions pour le Mexique, les États de l'Amérique méridionale et les îles. — 1825. — 1 vol. grand in-folio.

VOYAGE EN IRLANDE DANS L'ANNÉE 1818. — 1826. — Brochure in-8° de 112 pages.

RAPPORT A SON EXCELLENCE LE VICOMTE DE MARTIGNAC, ministre de l'intérieur, sur les établissemens municipaux de littérature, sciences et arts dans les départemens, en qualité d'inspecteur général des Archives départementales et communales. — 1829. — Brochure in-8° de 92 pages.

HISTOIRE POPULAIRE DES FRANCAIS, suivie d'un tableau chronologique des principaux faits de notre histoire jusqu'à la fin du règne de Louis XV et d'un tableau généalogique des trois dynasties qui ont successivement possédé la couronne de France. — 1831. — 1 vol. in-18.

ÉCLAIRCISSEMENS HISTORIQUES SUR LES NÉGOCIATIONS DU MARQUIS DE RESENDE, ministre du Brésil, relatives aux affaires de Portugal. — 1832. — 1 vol. in-8° de 245 pages.

ENTRETIENS SUR LE CALENDRIER, traduits de l'allemand. — 1832. — 1 vol. in-18.

QUELQUES SOUVENIRS DE COURSES EN SUISSE ET DANS LE PAYS DE BADEN, de l'année 1832 à l'année 1834. — 1836. — 1 vol. in-8° de 488 pages.

PROSPECTUS DU PANTHÉON LITTÉRAIRE ET TABLEAU DES LITTÉRATURES COMPARÉES, depuis le dix-huitième siècle avant J.-C. jusqu'à nos jours. — Brochure in-8° de 16 pages. — —1835.

CHRONIQUE CATALANE DE RAMON MUNTANER, nouvelle traduction du catalan, avec notes historiques et tableaux généalogiques, et précédée d'une notice sur Muntaner. — 1840. — 1 vol. grand in-8° à deux colonnes.

ÉCLAIRCISSEMENS HISTORIQUES, GÉNÉALOGIQUES ET NUMISMATIQUES SUR LA PRINCIPAUTÉ FRANÇAISE DE MORÉE ET SES DOUZE PAIRIES, avec neuf planches de sceaux, monnaies et médailles, et tables généalogiques; suivis d'une nouvelle édition de VILLE-HARDOIN et de son continuateur HENRI DE VALENCIENNES, éclaircis par les extraits des auteurs contemporains, et de la reproduction : 1° du texte du numéro 207 avec les variantes des manuscrits connus; 2° du texte du manuscrit 405 supplément. — 1840. — 2 vol. grand in-8°.

ESQUISSE DES PRINCIPAUX FAITS DE NOS ANNALES NATIONALES DU XIIIᵉ AU XVIIᵉ SIÈCLE, suivie d'un tableau des auteurs, des ouvrages et des faits, classés chronologiquement et tels qu'ils sont présentés dans la *Collection des Chroniques et Mémoires du Panthéon Littéraire.* — 1 vol. grand in-8°.

ÉDITIONS D'OUVRAGES HISTORIQUES,

D'APRÈS DES MANUSCRITS INÉDITS.

NOUVELLE ÉDITION DE SIRE JEAN FROISSART, d'après les travaux de M. Dacier, avec un complément nouveau de sire Jean Froissart, substitué à l'ancien complément tiré des Grandes Chroniques, et notes historiques. — 1824—1825. — 15 vol in-8°.

POÉSIES DE SIRE JEAN FROISSART, publiées pour la première fois d'après les manuscrits de la bibliothèque royale. — 1829. — 1 vol. in-8°.

NOUVELLE ÉDITION DE SIRE JEAN FROISSART, augmentée d'un NOUVEAU TEXTE D'UNE PARTIE DU PREMIER LIVRE ET D'UNE PARTIE DU SECOND d'après un manuscrit de Valenciennes et les manuscrits de Cambrai et de Paris, avec trois glossaires philologique, géographique et onomastique.— 1835. — 3 vol. in-8°.

HISTOIRE DE CONSTANTINOPLE SOUS LES EMPEREURS FRANÇAIS, par Du Cange, deuxième édition, entièrement refondue par Du Cange et restée inédite. — 1826. — 2 vol. in-8°.

CHRONIQUE MÉTRIQUE DE GODEFROI DE PARIS, suivie de la TAILLE DE PARIS en 1313, publiés pour la première fois d'après les man. de la B. R. — 1827. — 1 vol. in-8°.

BRANCHE DES ROYAUX LIGNAGES, chronique métrique de GUILLAUME GUIART, publiée pour la première fois d'après les man. de la B. R.—1828.—2 vol. in-8°.

MÉMOIRES DE PIERRE SALMON SUR CHARLES VI, publiés pour la première fois d'après les manus. de la B. R. — 1826. — 1 vol in-8°.

CHRONIQUE EN PROSE DE RICHARD II ET POÈME DE CRETON SUR SA DÉPOSITION, publiés d'après les manus. de la B. R. — 1826. — 1 vol. in-8°.

CHRONIQUE DES DUCS DE BOURGOGNE, par sire Georges Chastellain, publiée pour la première fois d'après le manus. de la B. R. — 1827 — 2 vol. in-8°.

ŒUVRES HISTORIQUES INÉDITES DE SIRE GEORGES CHASTELAIN, d'après deux manuscrits d'Arras et un manuscrit de Bruxelles, nouvellement reconnus. — 1838. — 1 vol grand in-8°. (dans le Panthéon.)

CHRONIQUE DE J. MOLINET, publiée pour la première fois d'après le manus. de la B. R. — 1827—1828. — 5 vol. in-8°.

PROCÈS ET INTERROGATOIRE DE LA PUCELLE D'ORLÉANS. — 1827. — 1 vol. in-8°.

ANCIEN POÈME SUR LA BATAILLE DE CRÉCY, par Colins de Hainaut. — Brochure in-8° de 20 pages.

CORRESPONDANCE INÉDITE DE Mme CAMPAN AVEC LA REINE HORTENSE, avec une introduction. — 1835. — 2 vol in-8°.

CHRONIQUE DES COMTES DE FOIX ET SEIGNEURS DE BÉARN, en langue béarnaise, par Miguel del Verms, d'après un manus. inédit des Archives de Pau — Brochure grand in-8° de 51 pages (dans le Panthéon).

CHRONIQUE DE VALENCIENNES, d'après un manus. de la B. de l'Ars. — Brochure grand in-8° de 75 pages (dans le Panthéon).

INTERROGATOIRE DE LA PUCELLE, nouvelle édition, avec un POÈME INÉDIT DE CHRISTINE DE PISAN SUR LA PUCELLE, et des fragments du REGISTRE DELFINAL DE THOMASSIN, d'après le manus. de la B. de Grenoble. — 1839. — 1 vol. grand in-8° (dans le Panthéon).

ACTES JUDICIAIRES RELATIFS AU PROCÈS ET A LA CONDAMNATION DE JACQUES CŒUR, d'après le manus. original déposé dans les archives du château de Saint-Fargeau — Brochure grand in-8° de 83 pages (dans le Panthéon).

NOUVELLE ÉDITION DE PIERRE DE BOURDEILE, abbé séculier de Brantôme. Revue et complétée sur les manus. de la B. R. — 1829. — 2 vol. grand in-8° (dans le Panthéon).

CHRONIQUE CATALANE DE BERNARD D'ESCLOT, RELATIVE A L'EXPÉDITION DE PHILIPPE-LE-HARDI EN CATALOGNE, texte catalan inédit. — 1840. — 1 vol. grand in-8° (dans le Panthéon).

POUR PARAITRE PROCHAINEMENT.

HISTOIRE DE LA DOMINATION FRANÇAISE DANS LES PROVINCES DÉMEMBRÉES DE L'EMPIRE GREC A LA SUITE DE LA QUATRIÈME CROISADE. — 2 vol. in-8°.

HISTOIRE DES ROYAUMES CHRÉTIENS D'ORIENT ET EN PARTICULIER DES ÉTATS FRANCS FORMÉS A LA SUITE DES CROISADES. — 4 vol in-8°.

CHRONIQUE DE L'EXPÉDITION DE PHILIPPE-LE-HARDI EN CATALOGNE en 1285, écrite en catalan par Bernard d'Esclot, et traduite pour la première fois. — 2 vol. in-8°.

SUPPLÉMENT AUX ŒUVRES HISTORIQUES INÉDITES DE SIRE GEORGES CHASTELLAIN, contenant : 1° Un Fragment inédit de sa Chronique de Philippe-le-Bon, d'après un manuscrit de Florence; 2° un Traité inédit sur la paix d'Arras, d'après un manuscrit de Tournay. — 2 vol. in-8°.

ESQUISSE

DES PRINCIPAUX FAITS

DE NOS ANNALES NATIONALES

DU XIIIe AU XVIIe SIÈCLE.

BATIGNOLLES-MONCEAUX, IMPRIMERIE D'AUGUSTE DESREZ, RUE LEMERCIER, 24.

ESQUISSE

DES

PRINCIPAUX FAITS

DE NOS ANNALES NATIONALES

DU XIIIe AU XVIIe SIÈCLE,

TELS QU'ON LES TROUVE PRÉSENTÉS
DANS LEUR GERME, LEUR DÉVELOPPEMENT ET LEURS CONSÉQUENCES
DANS LA COLLECTION
DE NOS ÉCRIVAINS ORIGINAUX DE CHRONIQUES ET MÉMOIRES,

PAR

J.-A.-C. BUCHON.

POUR SERVIR D'INTRODUCTION A LA LECTURE DES CHRONIQUES DU PANTHÉON LITTÉRAIRE.

PARIS,

AUGUSTE DESREZ, IMPRIMEUR-ÉDITEUR,

50, RUE NEUVE-DES-PETITS-CHAMPS.

M DCCCXL.

A

C. DE C. M. DE V. G.

UNE AME ARDENTE ET PURE,
QUI S'ÉPAND COMME LA LAVE SUR LES AUTRES AMES,
LES SAISIT ET LES RÉGÉNÈRE
POUR LES ÉLEVER JUSQU'A SOI ;
UNE INTELLIGENCE HAUTE, DROITE ET FERME,
FANAL AMI QUI GUIDE L'OEIL, ASSURE LES PAS, SOUTIENT LA CONFIANCE
A TRAVERS CES SENTIERS QU'ON A TROP LONGTEMPS DÉSAPPRIS A SUIVRE,
SENTIERS DE GLOIRE ET D'HONNEUR,
DE DÉVOUEMENT CHEVALERESQUE ET DE MÉPRIS DES CHOSES VULGAIRES,
DE SAINT RESPECT DE SOI ET DES AUTRES ;
UNE TÉMÉRITÉ HAUTAINE EN FAVEUR DE SES AMIS OPPRIMÉS,
UNE TIMIDITÉ D'ENFANT EN SA PROPRE FAVEUR ;
UNE SYMPATHIE PROFONDE
POUR TOUTES LES SOUFFRANCES COMME POUR TOUTES LES GLOIRES ;
UNE IMAGINATION ACTIVE
ALLIÉE A UN JUGEMENT TOUJOURS DROIT ;
UN ESPRIT FÉCOND, GAI, VARIÉ, PRIME-SAUTIER ;
UNE PAROLE QUI SE COLORE MERVEILLEUSEMENT AU FEU DE LA PENSÉE ;
UNE DÉLICATESSE EXQUISE DE GOUT
QUI DEVINE LA POÉSIE ET SAIT L'INSPIRER ;
UN AMOUR IMMACULÉ DE LA PATRIE,
DE SON INDÉPENDANCE, DE SA LIBERTÉ, DE SES PROGRÈS, DE SA GRANDEUR ;
UNE AFFECTION ÉCLAIRÉE
POUR LES VIEILLES COUTUMES QUAND ELLES SONT NOBLES,
POUR LES CHOSES NOUVELLES QUAND ELLES SONT JUSTES ;
L'INSTINCT LE PLUS RAPIDE DU VRAI ET DU BEAU,
DE TOUT CE QUI EST PUR, DE TOUT CE QUI EST BON :
TOUS CES AVANTAGES,
QUI EUSSENT EN TOUT TEMPS SUFFI A LA PERFECTION DE PLUSIEURS,
RÉUNIS AUJOURD'HUI
A TANT D'AUTRES QUE TOUS SE PLAISENT A RECONNAITRE,
FORMENT UN HARMONIEUX ENSEMBLE QUI PORTE PARMI LES HOMMES
UN NOM QU'AIME A INSCRIRE ICI
EN SIGNE D'HOMMAGE

UN AMI,

J.-A.-C. BUCHON.

Paris, 19 février 1840.

ESQUISSE

DES PRINCIPAUX FAITS

DE NOS ANNALES NATIONALES

DU XIIIe AU XVIIe SIÈCLE,

TELS QU'ON PEUT LES SUIVRE DANS LES CHRONIQUES ET MEMOIRES.

C'est véritablement avec le treizième siècle que la société moderne de l'Europe commence à s'établir sur des bases plus larges et plus solides.

En Allemagne, l'anarchie et les désordres qui avaient accompagné et qui suivirent l'extinction progressive de la maison de Souabe avaient forcé les villes les plus opulentes à se coaliser contre les hommes violens qui occupaient les châteaux et toutes les positions fortes le long des grandes voies de communication, afin d'assurer, par la force que donnait leur union, une garantie à la libre circulation de tous les objets de commerce; et la ligue anséatique s'était formée entre quatre-vingts villes.

En Angleterre, le roi Jean était contraint d'accorder en 1216 la grande charte qui devait donner protection et sécurité aux droits de tous.

En Italie, les villes les plus puissantes s'associèrent aussi en 1226 contre l'oppression des empereurs d'Allemagne et opposèrent à Frédéric II la célèbre ligue lombarde, soutenue en secret par les papes, et qui devint l'origine de la division entre les Guelphes et les Gibelins.

En Espagne, les victoires et la bonne administration de Raimond

Bérenger, comte de Barcelonne, avaient agrandi et l'influence politique de l'Aragon et l'influence littéraire de la langue catalane ou limousine ; les conquêtes de Jacques Ier à Valence et dans les îles Baléares étendirent encore cette double prépondérance. Déjà Alfonse III de Castille et Sanche VII de Navarre avaient, par la bataille de las Navas de Tolosa, en 1212, posé une digue désormais infranchissable aux progrès des Sarrasins, et l'exemple du zèle littéraire donné par Raimond Bérenger allait servir de modèle à ses successeurs.

La France n'était pas la moins active à se jeter dans cette nouvelle carrière de perfectionnemens sociaux, politiques et littéraires. Pendant que le Midi s'illustrait par les chants de ses troubadours, le Nord assurait l'indépendance du sol national par la victoire de Bouvines, remportée en 1214 par Philippe-Auguste sur toutes les forces de l'empereur Othon ; et désormais, libre de toute inquiétude d'une autre invasion allemande, la France allait pousser avec une vigueur nouvelle son travail de réforme intérieure. Les provinces situées au delà des monts du Vivarais, entre le Rhône et la Garonne, avaient semblé aspirer à une véritable indépendance politique et religieuse, soutenues dans l'une comme dans l'autre par les rois d'Aragon, entre les mains desquels avait passé, par un mariage, la seigneurie de Montpellier ; mais la bataille de Muret décida la ruine du malheureux comte de Toulouse ; la réforme albigeoise fut forcée de céder au fer de Simon de Montfort et aux bûchers des dominicains ; et de ce grand mal des persécutions religieuses résulta du moins cette fois un peu de bien, l'agrandissement de l'unité française. Une autre partie de notre sol français, la Normandie, la Touraine, l'Anjou, le Maine, perdus par les folies de Jean d'Angleterre, puis l'Auvergne, le Vermandois et l'Artois venaient donner une prépondérance irrésistible au domaine de la couronne, en même temps que la puissance des seigneurs perdait de ses violences par la nécessité où ils s'étaient trouvés d'accorder des affranchissemens aux communes, pour se procurer les moyens de se rendre avec plus d'éclat aux croisades. Dès les premières années du treizième siècle, l'aurore d'un meilleur jour commençait donc à luire pour toutes les classes opprimées, et saint Louis acheva de donner sécurité aux personnes et aux biens de tous par ses sages ordonnances sur les cours de justice, sur les propriétés et sur les monnaies.

Jusqu'au treizième siècle c'était à la cour des puissans ducs de Normandie, rois d'Angleterre, que la langue française et la poésie nouvelle avaient brillé du plus vif éclat; déjà sous Guillaume-le-Conquérant d'heureux essais avaient illustré la muse anglo-normande; sous Henri 1ᵉʳ et sous Étienne, les progrès avaient été rapides; sous Henri II, la poésie anglo-normande atteignit l'apogée de sa gloire. Geoffroi Gaimar, Wace de Jersey, Benoît de Sainte-More, la gracieuse et spirituelle Marie, Chardry et tant d'autres surgissaient à la fois pour chanter la cour anglo-normande, tandis que la langue et la poésie essayaient à peine chez nous un vol timide; mais le réveil ne devait pas se faire attendre, et à peine l'arène était-elle ouverte par Lambert li Cors, Alexandre de Paris, Chrestien de Troies, que mille autres, nobles ou non nobles, allaient s'élancer à leur suite dans la carrière littéraire. Thibaut, comte de Champagne, Charles d'Anjou, roi de Naples, Geoffroy de Ville-Hardoin, prince de Morée, Conon de Béthune et plusieurs autres hauts dignitaires de la cour française de Constantinople, puis dans les rangs plus humbles, Guiot de Provins, Adam de la Halle, Jean Bodel, Ruteboeuf, Guillaume de Lorris, Jean de Meun apparaissaient à la fois pour relever la gloire poétique de la France. De meilleures destinées se préparaient aussi pour l'humble langage de la prose : Ville-Hardoin et Joinville allaient tracer la voie à Froissart, puis à Châtelain et à Commines et à tous les habiles écrivains de chroniques et de mémoires dont la suite, non interrompue depuis le premier essai du naïf Ville-Hardoin, fait la gloire particulière de notre littérature et de notre pays.

Ce sont ces chroniques si nationales, ces mémoires si animés, si vivement empreints de la physionomie de leur temps, à dater du jour où Ville-Hardoin essaie à faire parler à la prose le langage simple et noble de l'histoire jusqu'au jour où la langue, assouplie par les mains habiles d'un Froissart, d'un Châtelain, d'un Commines, d'un La Place, d'une Duplessis-Mornay, d'un d'Aubigné, des auteurs de la *Satire Ménippée*, et dans un autre genre d'études d'un Amiot, d'un Rabelais et d'un Montaigne, va parvenir au plus haut point de perfection avec Pascal, et où commence l'époque toute moderne de notre langue et de notre littérature, que j'ai voulu réunir dans cette collection. En rassemblant en un seul faisceau des écrivains si divers par leur allure, mais si unis par la communauté de leur but, j'ai voulu présenter une sorte d'histoire de France, bien plus fidèle, pour me servir des expressions d'un savant historien et habile écrivain, M. Augustin Thierry, bien plus fidèle quoique moins polie qu'une composition récente, et portant dans sa rudesse même l'empreinte des formes littéraires et du caractère du moyen âge. Un pareil ouvrage, ajoutait M. Augustin Thierry, ne saurait inspirer aucune défiance de parti; il est le simple écho des voix qui ont retenti dans le passé; il est étranger, comme le passé lui-même, aux querelles politiques et aux opinions du temps présent.

Les paroles de M. Augustin Thierry ont tant d'autorité sur ce sujet que j'ajouterai quelques mots de plus de lui, pour achever de placer cette question sous son vrai point de vue.

« L'histoire de France la plus complète, disait-il en 1825, la plus fidèle et la plus pittoresque qu'on pût faire aujourd'hui, serait celle où, tour à tour et dans un ordre strictement chronologique, chacun des anciens chroniqueurs viendrait raconter lui-même, dans le style et avec les couleurs de son époque, les événemens dont il aurait été le témoin, qu'il aurait le mieux observés et décrits. Cette longue suite de dépositions naïves, que n'interrompraient aucune réflexion philosophique, aucune addition moderne, qui se succéderaient sans effort et s'enchaîneraient presque à l'insu du lecteur, serait en quelque sorte la représentation immédiate de ce passé qui nous a produits, nous, nos habitudes, nos mœurs et notre civilisation. Un travail de ce genre semble d'ailleurs commandé par la direction nouvelle que prennent en France, comme chez les peuples voisins, tous les genres de littérature et les beaux-arts eux-mêmes : sur la scène, dans les romans, dans les ouvrages de peinture, nous cherchons, nous exigeons maintenant des sujets empruntés, soit à notre histoire nationale, soit aux autres histoires modernes, car nous sommes certains d'avance d'y rencontrer à la fois une instruction plus directe et des émotions plus pénétrantes que dans les grands faits des annales antiques, en possession depuis tant de siècles de l'admiration humaine qu'ils l'ont, pour ainsi dire, épuisée ».

Le chancelier de l'Hospital, dont le cœur comme l'esprit était si éminemment national, avait déjà de son temps exprimé ces mêmes

sentimens de préférence pour les temps modernes, dans ces vers d'une
de ses spirituelles épîtres.

> Nec minùs oblector Francorum annalia regum
> Scripta legens, ullo sine fuco prorsùs et arte,
> Quam quæ magnificè græcis conscripta leguntur
> Historiis, ægrè speciem retinentia veri.
>
> (L. 1, p. **XII.**)

Un exposé rapide des divers sujets traités par les chroniqueurs et
auteurs de mémoires dont je publie ici la série et quelques citations
dans leur propre style feront mieux connaître à la fois et la solide et
nette instruction qu'on en peut tirer et tout le charme qu'offre cette
lecture.

XIIIe SIÈCLE.

A l'ouverture même du treizième siècle se présente un des plus grands événemens de nos annales nationales et des annales modernes. Les victoires de Saladin avaient, après quatre-vingt-huit ans , deux mois et dix-sept jours de possession , enlevé aux chrétiens, le 2 octobre 1187, la cité vénérée de Jérusalem. Un cri de désespoir s'était fait entendre en même temps dans tous les royaumes chrétiens d'Orient, et plusieurs souverains puissans avaient marché à la tête des nouveaux Croisés; mais des jalousies violentes les avaient promptement divisés. La bravoure de Richard-Cœur-de-Lion n'aboutit qu'à la création du royaume de Chypre, donné par lui à la famille Lusignan, et celle de Philippe-Auguste à la glorieuse mais précaire conquête de Ptolémaïs, et tous deux abandonnèrent la terre sainte au moment même où ils avaient exalté au plus haut point les espérances de la chrétienté. Une nouvelle croisade devenait nécessaire, et c'était au génie puissant d'Innocent III, élevé sur le trône pontifical en 1198, qu'il allait être donné de réveiller encore une fois le zèle chrétien , qui commençait à s'engourdir, et de contenir, s'il ne pouvait l'empêcher, l'esprit d'aventures qu'on voit déjà succéder à l'esprit religieux.

A la voix d'Innocent, de son prédicateur Foulques de Neuilly et de ses cardinaux légats, les peuples chrétiens s'ébranlèrent encore une fois; mais ce dernier mouvement fut purement français. La Champagne, la Flandre et la Bourgogne en subirent toutes les fatigues et en recueillirent à la fois et la gloire et les fruits.

Notre vieux guerrier, orateur, pèlerin et chroniqueur Geoffroy de Ville-Hardoin, maréchal de Champagne, avait, d'accord avec ses comandataires et en vertu des pleins pouvoirs qui leur avaient été donnés, contracté avec les Vénitiens pour un nombre de vaisseaux suffisant à la grande armée des Croisés qui devait venir s'embarquer à Venise. Les Vénitiens firent d'immenses préparatifs; mais les hommes manquèrent à leurs vaisseaux. La plupart, au lieu de se rendre à Venise, s'étaient arrangés pour s'embarquer, qui dans un port, qui dans un autre, et, au lieu d'une immense armée, il ne se rendit à Venise qu'un fort petit nombre d'hommes réunis à grand'peine. Les Vénitiens, en hommes habitués aux affaires commerciales, réclamèrent leur dû; et ce petit nombre, étant hors d'état d'acquitter tous les frais qui eussent été à la charge du grand nombre, se trouva en quelque sorte à la disposition des Vénitiens, qui avaient pris le soin de les parquer tous ensemble dans l'île de Saint-Nicolas, à part et sous leur main. Les Croisés, après avoir vidé leurs bourses et fait fondre leur vaisselle pour arriver à peine à moitié de ce qui était dû, se virent donc forcés d'accepter le moyen que Venise leur proposa pour dégager leur parole : c'était de réunir leurs forces à celles de Venise pour mettre à la raison une ville révoltée, Zara en Dalmatie. En vain le clergé représenta que les indulgences n'avaient pas été données par l'Église pour marcher contre des chrétiens; en vain le pape Innocent menaça de ses anathèmes; la nécessité d'acquitter une parole donnée fut plus puissante que le respect pour l'Église et que la crainte de ses anathèmes; les Croisés partirent malgré le pape, quitte à lui envoyer demander pardon ensuite; et le cardinal envoyé à leur poursuite pour les rappeler à leur devoir envers Jérusalem les trouva si bien endoctrinés par l'indépendance vénitienne et si arrêtés dans leurs desseins, qu'il crut plus prudent de laisser jusqu'à des temps plus favorables dormir les foudres ecclésiastiques lancées par Innocent, et Innocent lui-même approuva la tolérance politique de son légat.

Zara pris, les Vénitiens payés, et les vents du printemps appelant de nouveau les flottes en mer, le clergé fit retentir avec force le saint nom de Jérusalem; mais un nouvel incident était survenu, incident qui avait agi aussi sur l'esprit du pape, pour faire ajourner encore la défense de terre sainte. Alexis, fils de l'empereur Isaac Comnène, chassé de la Constantinople par une révolution de famille, était venu offrir de soumettre l'Église grecque à l'Église romaine si on aidait son père et lui à remonter sur le trône impérial de Grèce. Innocent, qui venait d'accueillir l'adhésion du nouveau souverain des Bulgares et qui, d'après les assurances d'Alexis, s'imaginait, aussi bien que les Croisés eux-mêmes, qu'il suffirait de montrer le jeune souverain au peuple de Constantinople pour lui faire abandonner la cause d'un usurpateur, se laissa tenter par l'espoir de cet agrandissement d'influence et de patronage, et il céda aux demandes d'Alexis et des Croisés réunis, l'un impatient de reconquérir une couronne, les autres avides de récompenses pécuniaires et de l'aide de vivres et d'hommes qu'Alexis leur avait promis. Cette entreprise de Constantinople fait le sujet de la relation du plus ancien et d'un des plus parfaits de nos chroniqueurs, Geoffroy de Ville-Hardoin, l'un des acteurs principaux de ce grand drame qui se dénoua bien autrement que se l'était figuré le jeune et imprudent Alexis : par la destruction de l'empire grec, par sa division en lambeaux disséminés en Asie et en Europe, et par la fondation des souverainetés grecques de Nicée et de Trébizonde en Asie, du royaume semi-grec et sémi-catholique des Bulgares en Europe, du despotat grec d'Arta en Épire et des souverainetés franques de Constantinople, de Thessalonique et de Morée.

Le récit de Ville-Hardoin, qui décrit la première phase de cette curieuse époque, le renversement de l'empire grec et son remplacement par un empire franc, est un des plus nobles et des plus gracieux monumens de notre vieille langue ; déjà l'on y retrouve l'allure facile et vive, la simplicité élégante et la clarté qui ont continué depuis à caractériser le style de tous nos bons écrivains à tous les âges de notre littérature. On en jugera mieux par quelques exemples.

« Ensi se partirent dou port de Corfols [1] le vegile de Pentecouste, qui fu l'an de l'Incarnation Nostre Segneur mil et deus cens et trois ans. Enki furent toutes les nés ensamble, et tout li huissier et toutes les galies de l'ost, et assés d'autres nés de marcheans ki avoec aus estoient arroutées. Li jors fu biaus, et li tans clers, et li vens boins et souès. Si laissierent les voiles aler au vent. Et bien tesmoigne Jofrois li mareschaus de Champaigne ki cest oevre dita, n'ainc n'i menti de mot à son ensient, si come chius qui à tous les consaus fu, que onques si biele os ne fu veue. Et bien sambloit os qui terre deust conquerre [2];

---

[1] Texte du Ms. 455. Supplément.

[2] Cette impression d'admiration à la vue d'une si belle flotte dans ces belles eaux et par un beau soleil semblait avoir agi sur les esprits de tous. Geoffroy de Ville-Hardoin raconte, quelques lignes plus bas, qu'au moment où cette flotte, si belle et si riche, sedéployait près du promontoire de Malée, ils rencontrèrent quelques nefs de pèlerins qui s'en allaient en Syrie, et que Baudoin ayant envoyé une barge pour savoir qui c'était, un sergent abandonna la flotte de Syrie et se laissa couler dans la barge, disant à ses compagnons :

« Je vous claim quite chou ki remaint en la nef, car je m'en irai avoec chiaus; car il samble bien qu'il doient tierre conquerre. »

car tout come on pooit veoir as ielx, ne véoit on se voiles non de nés
et de vaissiaus; si que li cuer s'en esjoïssoient mout. . . . . . . Et
Dex lor donna boin tans. Si se partirent dou port d'Avie tout ensamble. Si peussiés lors veoir flori le Brach saint Gorge contremont de nés
et de vaissiaus et de galies et d'uissiers. Molt grans mervelle estoit
la grans biautés à regarder. Et tant coururent par mer que il vinrent,
la velle de Saint Jehan-Baptyste en juing, à Saint-Estievene, une ab-
beye qui estoit à trois liues de Constantinoble. Et lors virent tout à plain
Constantinoble tout chil des vassiaus, et prisent port et s'aancrerent.
Or dist li contes que molt fu esgardée Constantinoble de cels ki onques mais ne l'avoient veue; car il ne pooient mie cuidier ke si riche
ville peuust estre en tout le monde. Quant il virent ces haus murs et
ches riches tours dont elle iert close tout entour à la réonde, et ces riches palais et ches hautes eglyses, dont il i avoit tant que nus ne le
poroit croire s'il ne le véoit à l'ueil, et le lonc et le lé de la ville qui
sour toutes les autres estoit souveraine, et bien sachiés qu'il n'i ot si
hardi cui la chars ne fremesist. Et ne fu mie mervelle, car onques si
grans afaires ne fu empris de nulle gent, puis que li mons fu estorés. »

Certes, à aucune époque, notre langue ne fut assouplie avec plus
de grâce, et jamais scène plus noble ne fut montrée plus nettement et
plus au vif. Veut-on un ton plus élevé, qu'on écoute cette fière réponse
de Conon de Béthune à l'ambassadeur de l'empereur usurpateur qui
déclarait aux Croisés comment l'empereur s'esmerveillait de ce qu'ils
étaient entrés « en sa terre et en son règne, » et les sommait de les vuider
promptement.

« Lors respondi, par l'acort et par le consel as barons et le duc de
Venisse, et se leva en piés Cuenes de Biethune, ki boins chevaliers et
sages, et bien eloquens estoit; et respondi au message : « Biaus sire ,
« vous nous avés dit que vostre sires s'esmervelle molt par coi nostre
« segneur ne nostre baron sont entré en sa terre ne en son regne. En sa
« terre ne en son regne ne sont il mie entré, car il le tient à tort et à
« pechié et contre Diu et contre raison; ains est son neveu, qui chi siet
« en une chaiere entre nous, ki est fils de son frere l'empereour Kyr-
« Sac. Mais s'il voloit à la mierchi son segneur venir, et li rendist la
« couronne et l'empire, nous li pryeriesmes qu'il li donnast sa pais et
« li donnast tant que il peuust vivre richement. Et se vous por cestui

« message i revenés autre fois, si ne soiés hardis que vous i puissiés
« hardiement venir. »

Une seconde ambassade, fort périlleuse et dont faisait partie le maréchal auteur de cette chronique, est décrite d'une manière plus pittoresque encore s'il est possible.

« A cel message (auprès de l'empereur, dans Constantinople même)
fu eslius Cuenes de Biethune et Joffrois de Ville-Harduin li mareschaus,
et Miles li Braibans de Prouvins; et li dus de Venisse i envoia haus
homes de son consel. Ensi monterent li message sor lor chevaus, les
espées chaintes, et chevaucierent ensamble dusqu'al palais de Bla-
kierne. Et sachiés que il i alerent en grant perill et en grant aventure,
selonc la trahison des Grius. Ensi descendirent à la porte et entrerent
el palais, et trouverent l'empereour Kyr-Sac et l'empereour Alexis son
fil séans aus deus, lès à lès, sour deus chaieres, et de-lès aus séoit l'em-
perréis qui estoit feme al pere et marastre au fill, et estoit suer le roi
de Hungrie, biele dame et boine; et estoit à grant planté de boines
gens et de hautes. Et molt sembla bien cours à rice prince. Par le
consel as messages, monstra Cuenes de Biethune la parole, qui moult
iert sages et bien enparlés, et dist en tel maniere :

« Sire, nous sommes à toi venu de par les barons de l'ost et de par
« le duc de Venisse. Et sachiés que il repruevent le siervice que il ont à
« vous fait, tel come toute les gens sevent et come il est aparissant : si
« leur avés juré, vous et vostre peres, leur convenences à tenir, et en
« ont vos chartres. Vous ne leur avés mie si bien tenues que vous deus-
« siés. Semons vous en ont maintes fois, et encore vous en semonnons
« nous, voiant tous vos barons, que vous leur tenés lor convenence. Se
« vous le faites, molt leur ert biel. Et sachiés que, se vous ne le faites,
« il ne vous tenront ne pour segneur ne por ami, et porchaceront que
« il aront le leur en toutes les manieres que il poront. Et bien vous
« mandent qu'il ne feroient mal ne vous ne autrui devant chou k'il
« l'aroient deffié, car il ne firent oncques trahison, ne en lor terres n'est
« il mie à coustume que il le facent. Vous avés bien oï chou que nous
« vous avons dit; si vos consellés ensi que il vous plaira. »

« Molt tinrent li Grieu à grant orguel et à grant outrage ceste def-
fiance, et disent que onques mais nus n'avoit esté si hardis qui eust
osé deffier l'empereour de Constantinoble en sa cambre meismes. Molt

fist li emperere s mauvais samblant as messages, et tout li Griu qui
maintes fois lor avoient biel fait. Li bruis fu molt grans par là dedens.
Et li message s'en tornerent, et vinrent à la porte. Si monterent sor
lor chevaus. Et quant il furent hors de la porte, si n'i ot celui qui molt
ne fust lies. Si ne fu mie grans mervelle, car il furent de grand perill
eschapé, et molt se tint à poi qu'il ne furent mal bailli. »

Cette chronique, toute remplie de hauts faits poétiquement expri-
més, peut bien en réalité porter le titre qui lui est donné dans quelques
manuscrits, de *Roman* ou Poëme *de Constantinoble*.

Pendant que notre vieux chroniqueur s'établissait avec ses compagnons à la tête de l'empire de Constantinople, son neveu, de même
nom que lui, fondait, dans une autre partie de l'empire grec, la principauté toute française de Morée, et y implantait notre langue, nos
lois et nos mœurs. Un chroniqueur, né dans ce même siècle sur le sol
de la Grèce française et probablement de race gasmulienne, c'est-à-
dire d'un père français et d'une mère grecque, nous a laissé en langue
grecque le plus curieux des monumens qui consacrent la gloire de
eet établissement. La *Chronique de Morée* a été écrite, en vers dits
politiques ou constantinopolitains, dans les premières années du siècle
suivant [1]. La narration en est facile, animée et variée. Comme étude
philologique, elle est curieuse par le barbare mélange des mots français et des mots grecs; mais c'est comme étude historique qu'elle est
surtout précieuse. Seule, elle comble une lacune de nos annales nationales. Non-seulement le chroniqueur y rapporte avec clarté tout ce
qui concerne les faits de guerre; mais, contre l'usage de tous les chroniqueurs occidentaux, il s'étend surtout sur les institutions de paix et
nous fournit ainsi des notions qu'on chercherait vainement ailleurs. En
traduisant cette chronique en langue française, j'ai fait en sorte de ne
rien lui faire perdre de son caractère primitif de simplicité et d'ingé-
nuité; car le style, qui est comme un reflet des mœurs du temps, en est
toujours simple et naïf, soit qu'il s'agisse d'une décision judiciaire,
d'une répartition de fiefs, d'une épouse à donner au jeune souverain
de la principauté, d'une querelle entre la seigneurie laïque et la seigneurie ecclésiastique, ou d'une description de bataille.

[1] Voyez ma notice sur la *Chronique de Morée* | et sur son auteur.|

Voici comment il raconte le mariage du jeune Ville-Hardoin :

« L'empereur français de Constantinople, dit-il, avait fait une convention de mariage pour sa fille avec le roi d'Aragon et de Catalogne. On avait donc embarqué celle-ci avec deux galères et une suite brillante. Plusieurs chevaliers et seigneurs l'accompagnaient dans son voyage. Les galères vinrent mouiller devant le port de Ponticos, en Morée, tout près de la ville d'Andravida. La fortune voulut que messire Geoffroi, le souverain de la Morée, se trouvât alors tout près de là, dans la ville de Vlisiri. On vint lui dire que deux galères venaient de mouiller devant le port de Ponticos et que sur l'une d'elles était la fille de l'empereur que l'on conduisait au roi de Catalogne. A cette nouvelle, messire Geoffroi se porta promptement à sa rencontre, descendit de cheval et entra dans la galère. Il salua la fille de l'empereur et la pria de débarquer pour se promener dans la ville et s'y reposer au moins pendant deux jours, et se rembarquer ensuite. La jeune fille consentit volontiers à débarquer avec les chevaliers qui l'accompagnaient, et elle entra dans la ville. Le premier jour s'était déjà écoulé et le second jour avait commencé. Quelques-uns des amis particuliers et des conseillers les plus intimes de messire Geoffroi lui dirent alors : « Seigneur, « vous êtes ici maître et souverain de la Morée; mais à quoi vous « serviront tous ces avantages qui vous ont coûté tant d'efforts, si vous « n'avez pas d'héritier auquel vous puissiez les transmettre? Il n'y a ici « en Morée aucune femme qui vous convienne pour épouse. Et puis- « que Dieu l'a ainsi ordonné et qu'il vous a amené cette noble fille, « prenez-la, faites célébrer votre mariage avec elle et faites-la notre « souveraine : si l'empereur son père venait d'abord à s'en fâcher, « il finira, nous en sommes convaincus, par se raccommoder avec « vous. » On engagea tant, on força tant messire Geoffroi qu'il s'adressa aux plus estimés des conseillers qu'il avait avec lui, et leur demanda à tous leur avis sur ce point difficile. Tous lui répondirent : « Seigneur, ce mariage nous plaît beaucoup, et nous vous engageons « à le faire sans différer. » L'évêque d'Olène fut chargé de porter la parole et d'engager la fille de l'empereur à prendre messire Geoffroi pour mari. Il mit en avant beaucoup de bons et subtils argumens pour lui prouver qu'il valait beaucoup mieux épouser messire Geoffroi que ce roi de Catalogne, dans les États duquel on la conduisait. Mais à quoi bon vous entretenir de tant de détails qui pourraient vous ennuyer? On dit tant de bonnes raisons à la jeune fille, on la pressa tant, qu'elle consentit enfin, et le mariage fut conclu. »

Ses descriptions de bataille donnent toujours une idée parfaite de la situation des troupes et des lieux, et les discours qu'il met dans la bouche de ses personnages sont toujours simples et pleins de raison. La grande bataille de Castoria, en 1259, qui décida de l'avenir de la Morée et où brillèrent d'un si vif éclat le courage malheureux du prince Guillaume et la témérité chevaleresque de son neveu, le prince Geoffroi de Ville-Hardoin Caritena, y est représentée dans ses détails, comme dans ses suites, sous les couleurs les plus vraies. C'est un tableau trop complet pour pouvoir être détaché de son cadre. Je citerai un exemple plus succint, pris ailleurs, de la vivacité de ses récits de bataille :

« En se portant sur Corinthe dans l'intention de décider le duc d'Athènes et les seigneurs des îles avec leurs troupes à l'aider de leur alliance, le prince Guillaume de Ville-Hardoin avait, dit-il, laissé dans la Morée pour le remplacer, comme son homme et son bail, un chevalier aussi sage qu'expérimenté. C'était un guerrier intrépide et habile au maniement des armes; mais il était malheureusement attaqué d'une maladie chronique, d'un rhumatisme qui l'empêchait de tenir entre ses mains ni l'épée ni la lance. Dès que ce vaillant homme apprit qu'une armée impériale, commandée par le grand-domestique, s'avançait contre lui, il se hâta de parcourir toutes les plaines de la Morée et de réunir toutes les troupes qu'il put avoir. Après les avoir réunies, il les fit compter; elles ne montaient qu'à trois cent douze hommes. Il se mit à leur tête et marcha du côté de Chrestena à la rencontre de l'armée impériale, qui s'avançait du côté des plaines de Morée. A la première nouvelle de l'approche de l'armée impériale, il suivit les rives de l'Alphée, et dès qu'il eut vu de loin les cantonnemens de l'armée ennemie, il passa derrière elle afin de s'en approcher plus sûrement. Arrivé dans une gorge étroite appelée Agredi Kounoupitza, il vit toutes les plaines occupées par les troupes ennemies. Il était encore de très-bonne heure, c'était le moment où le jour commence à poindre, et la vue de cette vaste armée lui apparut ainsi tout d'un coup. Messire Jean de Catava, ce célèbre guerrier, ne se laissa point effrayer par la multitude de ses ennemis; sa figure en parut au contraire toute

rayonnante; et plein d'une sage prévoyance, il adressa ces paroles à
ses compagnons d'armes : « Seigneurs, frères, amis et chers compa-
« gnons, c'est à ce moment qu'il vous convient de vous réjouir tous
« et de rendre grâces à Dieu d'avoir bien voulu nous conduire dans
« une position aussi avantageuse pour triompher de troupes si nom-
« breuses qu'à peine pouvons-nous les découvrir toutes. Et gardez-
« vous, chers compagnons, de vous laisser effrayer à la vue de cette
« multitude d'ennemis; leur grand nombre même tournera contre
« eux : ils seraient bien plus à craindre pour nous s'ils étaient moins
« nombreux, mais tous hommes de même race. Eux sont tous étran-
« gers les uns aux autres et viennent de terres différentes. Ils n'ont pas
« d'ailleurs l'expérience des combats avec les Français. Ne craignons pas
« de nous laisser envelopper ici; mais attaquons-les fièrement et ino-
« pinément avec nos lances. Leurs chevaux ne sont pas bien dressés,
« et un seul des nôtres pourrait en abattre quinze des leurs. Rappelez-
« vous, seigneurs et amis, que ce pays a été conquis par les travaux
« et l'épée de nos frères. Si nous prenons aujourd'hui la ferme résolu-
« tion de défendre chacun notre corps, pour prouver à nos adversaires
« que nous sommes de vrais chevaliers experts au métier des armes, et
« ensuite de conserver nos héritages de conquête, nous triompherons,
« n'en doutons pas, de tous nos ennemis. Que si nous ne tenons pas
« cette honorable conduite, nous ne méritons plus de porter le nom
« d'hommes d'armes; nous ne sommes plus dignes de conserver nos
« priviléges et nos honneurs. Considérez de plus, amis et chers com-
« pagnons, que si Dieu et la fortune des armes nous faisaient la grâce
« de vaincre, en bataille rangée et l'épée à la main, le frère de l'em-
« pereur grec avec toutes ses troupes, que la gloire de cette journée
« durerait aussi longtemps que l'arche restera sur le mont Ararat, et que
« tous ceux qui un jour entendraient conter nos exploits nous loue-
« raient à jamais. Quant à moi, je ne puis, comme vous le savez et
« comme vous le voyez, manier ni la lance ni l'épée, mais je saurai
« bien ne pas rester oisif. Je me charge de porter la bannière du prince;
« attachez-la seulement entre mes mains, et vous verrez si je sais la
« tenir haut et droit. J'aperçois d'ici la tente du grand-domestique;
« je vous jure sur le Christ d'y marcher tout droit. Et si quelqu'un
« d'entre vous me voit reculer ou trembler, je le déclare l'ennemi du
« Christ s'il ne m'égorge pas. »

C'est par ce mâle courage que nos Français portaient partout la gloire de notre nom; et nous, notre insouciance a laissé dormir si longtemps dans l'oubli les noms de ces hommes qui nous ont fait ce que nous sommes!

La croisade de 1204, qui s'était terminée par la conquête de l'empire de Constantinople et par l'établissement de diverses principautés françaises dans les provinces démembrées de cet empire, avait sans doute beaucoup agrandi le patronage de l'Église de Rome, mais elle n'avait été d'aucun secours pour la terre sainte, et les divers États chrétiens de Syrie, d'Arménie et de Chypre continuaient à évoquer l'assistance de leurs frères les chrétiens d'Europe. Saint Louis régnait alors en France : une grave maladie l'avait mis aux portes du tombeau, et une discussion s'était déjà élevée pour savoir s'il avait ou non « l'âme au corps, » lorsque le malade, qui entendait tout, sentit renaître ses forces et résolut de prouver sa reconnaissance à Dieu en allant au secours du tombeau de Jésus-Christ outre-mer. Cette croisade, qui eut lieu en 1248, nous a été racontée avec un grand charme et une noble simplicité par un des compagnons les plus fidèles de saint Louis, le sénéchal de Champagne Joinville. Joinville ne paraît pas avoir pris la croix par un bien fervent enthousiasme : il y avait chez lui plus du chevalier que du pèlerin.

« L'abbé de Cheminon, dit-il, me donna m'escharpe et mon bourdon; et lors je me partis de Joinville, sans rentrer ou chastel jusques à ma revenue, à pié, deschaus et en langes. Et ainsi alé à Blechicourt et à Saint-Urbain et autres cors sains qui là sont. Et endementiers que je aloie à Blechicourt et à Saint-Urbain, je ne vols onques retourner mes yex vers Joinville, pour ce que le cuer ne me atendresist, du biau chastel que je lessoie et de mes deus enfans. »

Son principal motif pour se croiser semble avoir été de se créer quelque conquête, à l'exemple sans doute de ses voisins, parens ou amis : les Brienne établis dans presque toutes les principautés chrétiennes d'Orient, ainsi qu'en Sicile et en Pouille; les Ville-Hardoin de Champagne, qui s'étaient constitué une puissante principauté en Morée; les Lusignan, devenus rois en Chypre, et tant d'autres. Joinville, dont la mère vivait encore, n'avait qu'un fort mince revenu dans son pays et rêvait sans doute au bout de son voyage, soit quelque souveraineté au delà des mers, soit la faveur du pieux roi saint Louis à son retour. La principauté ne lui échut pas en partage, mais l'affection de saint Louis pour lui réalisa toutes ses espérances dans son pays. Malgré la bravoure la plus héroïque, saint Louis, qui avait débuté par la prise de Damiette, succomba noblement à la Massoure et ne recouvra sa liberté qu'en rendant Damiette et payant une forte rançon. Joinville, qui lui avait été un compagnon fidèle, et pendant toute la campagne d'Égypte, et pendant la captivité, revint aussi avec le roi en France, et reçut de brillantes marques de sa reconnaissance. Ainsi que l'avait fait le vieux maréchal de Champagne, Joinville s'est plu, soit à écrire lui-même, soit à dicter à ses secrétaires une relation simple et fidèle de ce qui s'est passé sous ses yeux pendant cette croisade, et il y a joint, soit avant le départ de saint Louis, soit après son retour, les faits qui pouvaient le mieux faire apprécier les vertus de saint Louis. Il n'a rien à dire de la seconde croisade de saint Louis, celle de Tunis, en 1270, où saint Louis succomba, car cette fois Joinville, dont la position était faite et qui n'avait pas grande confiance au succès, avait préféré rester en France. Il eût été intéressant d'avoir pour cette seconde époque une relation aussi circonstanciée et aussi ingénue que l'est celle de Joinville pour la croisade d'Égypte. Il y a dans toutes les relations historiques écrites par des hommes qui ont agrandi leurs dispositions naturelles par le maniement des grandes affaires un caractère d'autorité et de vérité que la science seule donne bien difficilement. Polybe, qui joignait l'étude à la pratique, s'exprime sur ce sujet avec beaucoup de force.

« Il est impossible, dit-il [1], de bien écrire sur les affaires militaires si on n'a soi-même aucune connaissance de l'art de la guerre, de même qu'il est impossible de bien discuter les affaires politiques si on ne les a pas bien étudiées et pratiquées. D'où il résulte que, comme il ne peut sortir en ce genre rien d'habile et de parfaitement vrai de la plume d'un homme qui s'est contenté de la lecture des livres, le livre qui sortira de lui sera sans aucun fruit pour ses lecteurs; et si on ôte de l'histoire l'utilité qu'elle peut nous offrir, elle ne sera plus qu'une composition misérable et indigne d'un homme intelligent... Toutes les

____

[1] Pages 347 et 348 de mon édition.

narrations, ajoute-t-il, d'hommes qui se sont fiés uniquement aux connaissances puisées dans les livres, manquent de cette sève, de cette vie qui ne saurait se rencontrer que dans les historiens qui ont eu euxmêmes le maniement des affaires; on ne peut réellement qu'alors éveiller dans les lecteurs des mouvemens utiles et durables. Aussi nos ancêtres voulaient-ils trouver cette qualité évidente d'action personnelle dans tous les commentaires; ils voulaient que celui qui écrivait sur la vie politique eût mené en effet une vie politique et y eût montré de l'habileté; ils voulaient que celui qui écrivait sur la guerre eût fait la guerre et en eût éprouvé les dangers; ils voulaient enfin que celui qui écrivait sur la vie domestique sût par lui-même ce qu'est le mariage et l'éducation des enfans; aussi chaque composition littéraire convenait-elle à chaque genre de vie. »

Cette unité de composition, cette sûreté de vues, cette vérité de coloris que réclamait Polybe, se retrouvent déjà dans Ville-Hardoin et dans Joinville, mais impriment un caracère tout particulier de force et de vie à une chronique d'origine non française, mais consacrée en bonne partie à la commémoration de faits qui appartiennent à nos annales françaises, je veux parler de la chronique du brave et spirituel Catalan Ramon Muntaner.

Charles d'Anjou, frère de saint Louis, qui avait accompagné son frère à la croisade de 1248, impatient de gloire et d'honneurs, avait accepté du pape l'offre de la couronne des Deux-Siciles enlevée par l'autorité pontificale à Mainfroi, fils de l'empereur Frédéric II. Constance, fille de Mainfroi, avait épousé Pierre d'Aragon, dont les enfans étaient dépouillés par cette concession faite par les papes à Charles d'Anjou. De là des germes de division qui ne pouvaient manquer de se développer un jour. Charles d'Anjou, maître de Naples et de la Sicile, se conduisit dans ce pays avec une dureté qui disposa les esprits à la révolte. J. Procida réchauffa ces semences de rébellion. Il alla trouver à Constantinople Michel Paléologue, qui redoutait une invasion de Charles d'Anjou, auquel Baudoin II de Constantinople avait cédé d'immenses droits sur l'empire grec, et il en obtint des sommes considérables. A l'aide de cet argent, il décida Pierre d'Aragon à prêter, par la présence d'une flotte et d'une armée imposante, appui à une révolte des Siciliens. Tous ces résultats obtenus, il ne s'agissait plus que d'amener un conflit. Les gentilshommes de France l'amenèrent eux-mêmes par leur insolence, et les vêpres siciliennes sonnèrent l'heure du massacre de tous les conquérans français. L'armée de Pierre d'Aragon débarqua à propos et prêta force aux révoltés, et la Sicile passa des mains des Français aux mains des Aragonais. La guerre, une fois commencée, se continua avec une vive irritation des deux parts. Les deux souverains étaient braves et hautains; ils se défièrent à un combat personnel de cent contre cent, qui devait avoir lieu à Bordeaux en présence du roi d'Angleterre, mais qui n'eut jamais lieu en effet. La mer ne fut pas moins favorable que la terre aux armes d'Aragon. Le célèbre Roger de Loria, amiral de Sicile et d'Aragon, porta la destruction et l'épouvante sur toutes les côtes du royaume de Naples, et le fils de Charles d'Anjou lui-même tomba prisonnier entre ses mains. Peu s'en fallut qu'il ne subit le même supplice auquel Charles d'Anjou avait fait condamner Conradin, neveu de Mainfroi. Le fils de Charles fut condamné à mort comme l'avaient été Conradin et son ami Frédéric; mais la bonté dont il avait donné mille preuves lui obtint sa commutation de peine, et il fut envoyé en Aragon pour y être retenu prisonnier, jusqu'à ce qu'enfin, après la mort de Charles d'Anjou, la paix fut rétablie entre la France, l'Aragon et Naples.

C'est cet intéressant épisode de notre histoire qui a été raconté par Ramon Muntaner d'une manière si pittoresque et si animée, et par un autre auteur catalan, B. d'Esclot, avec la fidélité la plus scrupuleuse.

La famille de Muntaner, originaire de Peralade, avait été fort attachée au roi Jacques-le-Conquérant, et lui-même avait suivi les armées de son fils Pierre. Le roi Jacques-le-Conquérant est le roi de sa prédilection. Depuis sa naissance miraculeuse à Montpellier jusqu'à sa mort au sein de la victoire, tout lui paraît admirable et miraculeux dans son héros.

« Il est manifeste, dit-il [1], que la grâce divine est et doit être répandue sur tous ceux qui descendent dudit seigneur roi En Jacques d'Aragon, fils du seigneur roi En Pierre d'Aragon et de très-haute dame madame Marie de Montpellier, car sa naissance fut l'effet d'un miracle et vraiment l'œuvre de Dieu; et pour l'instruction de tous ceux qui liront ce livre, je vais raconter ce miracle.

« La vérité est que ledit seigneur roi En Pierre prit pour femme et

---

[1] Page 219 de ma traduction de Ramon Mun- | taner dans le *Panthéon littéraire.*

reine ladite dame madame Marie de Montpellier, à cause de sa haute noblesse et de sa haute vertu, et aussi parce que sa puissance s'accroissait par là de la ville de Montpellier et de sa baronnie, qui était un franc-alleu. Avant ce mariage et depuis, le roi En Pierre, qui était jeune, faisait la cour à d'autres belles dames nobles et délaissait son épouse; il venait même souvent à Montpellier sans s'approcher d'elle, ce qui faisait beaucoup de peine à ses sujets et surtout aux prud'hommes de la ville. Si bien qu'étant venu une fois à Montpellier, il s'enamoura d'une noble dame de la ville pour laquelle il faisait des courses, des joutes, des tournois et des fêtes, et il fit tant qu'il rendit sa passion publique. Les consuls et les prud'hommes de Montpellier, qui en furent instruits, mandèrent près d'eux un chevalier qui était un des intimes confidens du roi, dans de telles affaires, et lui dirent que s'il voulait faire ce qu'ils lui diraient, ils le rendraient à jamais riche et fortuné. Il répondit : « Faites-moi connaître vos désirs, et je vous promets qu'il n'est chose « au monde que je ne fasse en votre honneur, sauf de renier ma foi. » On se promit mutuellement le secret. « Voici, dirent-ils, ce qui en est : vous « savez que madame la reine est une des dames les plus honnêtes, les « plus vertueuses et les plus saintes du monde. Vous savez aussi que le « seigneur roi ne s'approche point d'elle, ce qui est un grand malheur « pour tout le royaume. Madame la reine supporte cet abandon avec « beaucoup de bonté et ne laisse pas apercevoir la peine que cela lui « cause; mais une telle séparation nous est très-funeste; car si le seigneur « roi venait à mourir sans héritier, ce serait une source de grand dés- « honneur et de grande calamité pour tout le pays, et principalement « pour la reine et pour Montpellier, car la baronnie de Montpellier tom- « berait en d'autres mains, et nous ne voudrions à aucun prix que Mont- « pellier fût détaché du royaume d'Aragon. Et, si vous le voulez, vous « pouvez nous aider en cela. — Je vous dis de nouveau, répliqua le che- « valier, qu'il n'est rien de ce qui pourra être honorable et profitable à « votre ville, à monseigneur le roi et à madame la reine Marie, et à leurs « peuples, que je ne fasse volontiers, si cela est en mon pouvoir. —Puis- « que vous parlez ainsi, nous savons que vous êtes dans la confidence du « seigneur roi quant à l'amour qu'il a pour telle dame, et que vous agis- « sez même pour la lui faire obtenir. Nous vous prions donc de lui dire : « que vous avez réussi, qu'il l'aura enfin, et qu'elle viendra le trouver

« secrètement dans sa chambre, mais qu'elle ne veut absolument point
« de lumière pour n'être vue de qui que ce soit. Cette nouvelle lui fera
« grand plaisir. Et lorsqu'il sera retiré en son appartement et que chacun
« aura quitté la cour, vous vous rendrez ici auprès de nous, au consulat ;
« nous nous y trouverons, les douze consuls, avec douze autres cheva-
« liers et citoyens des plus notables de Montpellier et de la baronnie ; et
« madame Marie sera avec nous, accompagnée de douze dames des plus
« honorables de la ville et de douze demoiselles. Elle nous accompagnera
« près du seigneur roi, et nous emmènerons avec nous deux notaires des
« plus notables, l'official de l'évêque, deux chanoines et quatre bons reli-
« gieux. Les hommes, les femmes et les filles porteront chacun un cierge à
« la main et l'allumeront au moment où madame la reine Marie entrera
« dans la chambre du roi. Tout le monde veillera là à la porte jusqu'à l'aube
« du jour. Alors vous ouvrirez la chambre, et nous entrerons tous le cierge
« à la main. Le seigneur roi sera étonné ; mais nous lui raconterons tout
« ce qui aura été fait, et nous lui montrerons que c'est la reine Marie d'Ara-
« gon qui repose auprès de lui ; et nous ajouterons que nous espérons en
« Dieu et en la sainte Vierge Marie qu'ils auront, lui et la reine, engendré
« cette nuit un enfant qui donnera joie à Dieu et à tout le monde, et que
« son règne en sera glorifié, si Dieu veut bien lui faire cette grâce. »

« Le chevalier ayant ouï leur projet, qui était juste et bon, dit : qu'il
était prêt à faire tout ce qu'on lui proposait et qu'il ne se laisserait arrêter par la crainte ni de perdre l'affection du seigneur roi ni même
de se perdre lui-même, et qu'il se confiait au vrai Dieu que ce qui avait
été résolu viendrait à une bonne fin, et qu'on pouvait compter sur
lui. « Seigneurs, ajouta-t-il, puisque vous avez une si heureuse idée, je
« vous prie que, pour l'amour de moi, vous fassiez quelque chose. —
« Nous sommes prêts, dirent-ils avec bienveillance, à faire tout ce que
« vous nous demanderez. — Eh bien ! seigneurs, c'est aujourd'hui sa-
« medi que nous avons entamé cette affaire au nom de Dieu et de madame
« Sainte-Marie-de-Valvert ; je vous prie et conseille donc que lundi, tout
« individu, quel qu'il soit, dans Montpellier, se mette en prières, que
« tous les clercs chantent des messes en l'honneur de madame sainte Ma-
« rie, et que cela se continue durant sept jours, en l'honneur des sept
« joies qu'elle a eues de son cher fils et pour qu'elle nous fasse obtenir
« de Dieu que nous ayons joie et contentement de cette action, et qu'il

« en naisse un fruit, pour que le royaume d'Aragon, le comté de Barce-
« lonne et d'Urgel, la baronnie de Montpellier et tous autres lieux soient
« pourvus d'un bon seigneur. » Il promit que s'ils faisaient ainsi, il ar-
rangerait les choses pour que, dans la soirée du dimanche suivant, tout
se passât comme ils l'avaient préparé et qu'en attendant on fît chanter
des messes à Sainte-Marie-des-Tables et à madame Sainte-Marie-de-
Valvert. Tous s'y accordèrent.

« Il fut aussi décidé que le dimanche où la chose aurait lieu tous les
habitans de Montpellier se rendraient aux églises, qu'ils veilleraient et prie-
raient pendant tout le temps que la reine serait auprès du roi, et que
tout le samedi, veille de l'entreprise, ils jeûneraient au pain et à l'eau ;
ainsi fut-il ordonné et préparé. Comme ils l'avaient décidé ils allèrent
trouver madame Marie de Montpellier, reine d'Aragon, et lui firent
part de tout ce qu'ils avaient résolu et disposé. Elle leur répondit :
qu'ils étaient ses sujets bien-aimés et qu'on savait qu'il n'y avait pas
au monde de conseil plus sage que celui de Montpellier et que tout le
monde ne pouvait manquer d'assurer qu'elle devait s'en tenir à leurs
avis ; qu'elle regardait leur arrivée chez elle comme la salutation de
l'ange Gabriel à madame sainte Marie ; et que, comme par cette salutation le genre humain avait été sauvé, de même elle désirait que par
leur résolution ils pussent plaire à Dieu, à madame sainte Marie et à
toute la cour céleste, et que ce fût pour la gloire et le salut de l'âme et
du corps du roi, d'elle-même et de tous leurs sujets. « Puisse tout cela,
« dit-elle, s'accomplir ! *Amen.* » Ils se retirèrent joyeux et satisfaits. Vous
pensez bien que durant toute la semaine ils furent tous, et principalement la reine, dans le jeûne et la prière.

« Il nous faut dire maintenant comment il se put faire que le roi ne se
douta de rien, quoique chacun fût occupé à prier et à jeûner pendant
toute la semaine. Je réponds à cela : qu'il avait été ordonné par tout le
pays de faire chaque jour des prières pour obtenir de Dieu que la paix
et l'affection se maintinssent entre le roi et la reine, et que Dieu leur ac-
cordât un fruit pour le bien du royaume. Cela avait été spécialement
observé tout le temps que le roi fut à Montpellier ; et quand on le disait
au seigneur roi, il répondait : « Ils font bien ; il en arrivera ce qui plaira
« à Dieu. »

« Ces bonnes paroles du roi, de la reine et du peuple, furent agréables à Dieu, et il les exauça ainsi qu'il lui plut. Vous saurez ci-après pourquoi le roi ni personne, excepté ceux qui avaient assisté au conseil, ne connaissaient la véritable cause des prières, offrandes et messes qui eurent lieu pendant les sept jours de cette semaine.

« Cependant le chevalier s'occupa du projet convenu et amena à bonne fin ce qui avait été décidé, comme vous l'avez ouï. Le dimanche, pendant la nuit, quand tout le monde fut couché dans le palais, lesdits vingt-quatre prud'hommes, abbés, prieurs, l'official de l'évêque et les religieux, ainsi que les douze dames et douze demoiselles, tous un cierge à la main, se rendirent au palais avec les deux notaires, et tous ensemble parvinrent jusqu'à la porte de la chambre du roi. La reine entra; mais tous les autres restèrent en dehors, agenouillés et en oraison pendant toute la nuit. Le roi et la reine étaient pendant ce temps en déduit, car le roi croyait avoir auprès de lui la dame dont il était amoureux. Pendant toute cette nuit toutes les églises de Montpellier restèrent ouvertes, et tout le peuple s'y trouvait réuni, faisant des prières, selon ce qui avait été ordonné. A la pointe du jour, les prud'hommes, les prélats, les religieux et toutes les dames, chacun un cierge à la main, entrèrent dans la chambre. Le roi, qui était au lit auprès de la reine, fut très-étonné. Il sauta aussitôt sur son lit et prit son épée à la main; mais tous s'agenouillèrent et lui dirent les larmes aux yeux : « Par grâce, seigneur, « daignez regarder auprès de qui vous êtes couché. » La reine se montra; le roi la reconnut. On lui raconta tout ce qui avait été fait, et il dit : « Puisque c'est ainsi, Dieu veuille accomplir vos vœux ! »

C'est surtout à partir des Vêpres siciliennes [1], en 1282, que les récits de Muntaner [2] et de d'Esclot [3] deviennent précieux. La traduction de Muntaner que je viens de publier dans le *Panthéon* aura, je l'espère, peu affaibli les brillantes couleurs de l'original. « J'ai pensé, ai-je dit dans ma notice [4], qu'en traduisant Muntaner, écrivain naïf, pittoresque, rapide, il fallait chercher à reproduire, autant que possible, les qualités de mon modèle. La langue catalane, quoique suffisante pour exprimer

---

[1] J'ai donné pour ce grand événement une chronique sicilienne contemporaine.

[2] Page 202 de ma traduction.

[3] Page 628 de mon édition de son texte resté jusqu'ici inédit. D'Esclot donne le texte de la proclamation adressée le 14 mai 1282 par les habitans de Palerme à tous les Siciliens, aussitôt après le massacre des Français, pour les appeler aussi à la vengeance.

[4] Page LXIV de ma notice sur Muntaner.

toute pensée et toute notion qui mettait alors la société en mouvement, n'avait pas cependant été élaborée d'une manière aussi rigoureuse que l'est la nôtre : sa naïveté vient quelquefois de son embarras. J'ai donc dû recourir non à notre vieille langue, qu'il eût fallu interpréter à son tour, non aux inversions antiques, qui eussent fatigué le lecteur, mais à ces formes simples et timides, à ces répétitions comme négligées, qui me semblaient le mieux répondre à l'effet produit par mon original. J'ai voulu que le style de ma traduction fût simple et comme en négligé dans quelques parties, pour que la force du récit pût saillir davantage en relief dans les momens où l'auteur s'anime et grandit avec le récit; j'ai voulu enfin que ma traduction fût, non une image réfléchie de l'original, cela était impossible, mais au moins un reflet exact et dont les traits fussent encore assez distincts pour que la physionomie du modèle pût s'y reconnaître. »

Muntaner excelle particulièrement dans la distribution des détails les plus propres à donner à un fait sa véritable physionomie; on en jugera mieux par des exemples pris dans divers genres de narration.

La flotte envoyée par Pierre d'Aragon, aussitôt après son entrée en Sicile, contre les flottes française et provençale réunies avait obtenu un succès si rapide et si inespéré qu'en la voyant rentrer dès le point du jour suivant dans le port de Messine, grossie par les nombreuses galères qu'elle avait prises, les Siciliens crurent voir la flotte ennemie. Voici comment Muntaner décrit cet effet :

« Après minuit [1], à la faveur du vent de terre qui souffla dans le golfe, ils firent voile, et ils étaient si nombreux qu'on n'apercevait pas la mer. N'allez pas croire qu'ils n'eussent avec eux que les quarante-cinq galères [2] et les lins et barques qui les accompagnaient; car ils trouvèrent à Nicotera, entre lins de transport, barques à rames et bateaux chargés de vivres qu'on amenait à l'armée du roi Charles, plus de cent trente voiles en tout, et ils les amenèrent avec eux à Messine et y chargèrent toutes les marchandises et le reste de ce qu'ils trouvèrent à

---

[1] Page 270 de ma traduction.

[2] Nombre des bâtimens de la flotte napolitaine seule. Toute cette flotte réunie se composait de 20 galères des Provençaux, 15 des Génois, 10 des Pisans et 45 de Naples et de la Principauté. Les bâtimens des Provençaux, des Génois et des Pisans prirent la fuite et laissèrent l'affaire se vider entre les 45 galères de Naples et de la Principauté et les 22 galères de la flotte catalane. Ce fut, comme on voit, la flotte catalane qui remporta l'avantage; et toute cette campagne fut désastreuse pour les Français de Naples.

Nicotera. Favorisés par le vent de terre, ils voguèrent si promptement cette nuit qu'à la pointe du jour ils se trouvèrent dans l'embouchure du Phare, devant la petite tour du phare de Messine. Quand le jour fut arrivé et qu'ils se présentèrent à la petite tour de Messine, les gens de la ville, voyant un si grand nombre de voiles, s'écrièrent : « Ah ! Sei- « gneur ! ah ! mon Dieu ! qu'est-ce cela? Voilà la flotte du roi Charles qui, « après s'être emparée des galères du roi d'Aragon, revient sur nous. »

« Le roi, qui était levé, car il se levait constamment à l'aube du jour, soit l'été soit l'hiver, entendit ce bruit et demanda : « Qu'y a-t-il? « Pourquoi ces cris dans toute la cité?—Seigneur, lui répondit-on, c'est la « flotte du roi Charles qui revient, bien plus considérable que quand elle « est partie, et qui s'est emparée de nos galères. »

« Le roi demanda un cheval, le monta et sortit du palais, suivi à peine de dix personnes. Il accourut le long de la côte, où il voyait en grande lamentation les hommes, femmes et enfans. Il les encouragea et leur dit : « Bonnes gens, ne craignez rien, ce sont nos galères qui amènent la « flotte du roi Charles qu'ils ont prise. » Et tout en chevauchant sur le rivage de la mer, il continuait à répéter ces paroles; et tous ces gens s'écriaient : « Dieu veuille, bon seigneur, que cela soit ainsi! » Que vous dirai-je? Tous les hommes, femmes et enfans de Messine couraient à sa suite, et tout l'ost de Sicile le suivait aussi. Arrivé à la Fontaine d'Or, le roi, voyant le spectacle de tant et tant de voiles qui arrivaient avec un vent de côte, réfléchit un moment et dit à part soi : « Puisse « le Seigneur Dieu, qui m'a conduit ici par sa grâce, ne pas m'aban- « donner, non plus que ce malheureux peuple! »

« Tandis qu'il était dans ces pensées, un lin tout armé, pavoisé des armes du seigneur roi d'Aragon et monté par En Cortada, survint là où il vit qu'était le seigneur roi, que l'on voyait à la Fontaine d'Or, enseignes déployées, à la tête de la cavalerie et avec tous ceux qui l'a- vaient suivi. Si le seigneur roi fut transporté de joie en apercevant ce vaisseau avec sa bannière, c'est ce qu'il ne faut pas demander. Le roi s'approcha de la mer, et En Cortada sauta à terre et dit au roi : « Sei- « gneur, voici vos galères qui vous amènent toutes ces autres-ci que « nous avons prises. Nicotera est prise, brûlée et détruite, et il y a péri « plus de deux cents chevaliers français. » A ces mots, le roi descendit de cheval et s'agenouilla. Tout le monde suivit son exemple. Ils commencèrent à entonner tous ensemble le *Salve Regina*, et bénirent et louèrent Dieu de cette victoire; car ils ne la rapportaient point à eux, mais à Dieu seul. Que vous dirai-je? le roi répondit à En Cortada qu'il fût le bienvenu. Il lui dit ensuite de s'en retourner sur ses pas et d'ordonner à tous les bâtimens de se réunir devant la douane en louant Dieu et en faisant leur salut. Il fut obéi, et les vingt-deux galères entrèrent les premières, traînant chacune après soi plus de quinze galères, lins et barques; ainsi elles firent leur entrée à Messine, toutes pavoisées et avec l'étendard déployé, traînant sur la mer les enseignes ennemies. Jamais par terre ni par mer on ne vit ni on n'entendit une telle allégresse. On eût dit que le ciel et la terre étaient en guerre; et tous ces cris étaient les louanges et la glorification de Dieu, de madame sainte Marie et de toute la cour céleste.

« Quand on fut à la douane, qui est dans le palais du seigneur roi, on chanta à pleine voix le *Laudate Dominum;* et les gens de mer et les gens de terre y répondirent; mais d'une telle force, ma foi, qu'on pouvait entendre leurs voix de la Calabre. Que vous dirai-je? On débarqua au milieu de cette fête et de ces transports d'allégresse, et tous les Siciliens élevaient leurs voix vers les cieux en s'écriant : « Seigneur Dieu, notre « père, béni soyez-vous de nous avoir envoyé de tels hommes pour nous « délivrer de la mort! On voit bien, Seigneur, que ces gens sont propre- « ment vôtres; car ce ne sont point des hommes, mais des lions; et cha- « cun d'eux est parmi les autres hommes ce que sont les lions parmi « les autres animaux. Loué et béni soyez-vous, ô Dieu! de nous avoir « donné un tel seigneur, avec d'aussi braves gens! »

Voici la description d'un combat de mer de Roger de Loria contre la flotte marseillaise [1].

« Quand tous les Catalans eurent soupé et fait leurs provisions d'eau, l'amiral Roger de Loria les harangua et leur dit de belles paroles appropriées à la circonstance. Il leur dit entre autres choses : « Barons, avant le jour vous serez au port de Malte, où vous trou- « verez vingt-deux galères et deux lins provençaux armés. C'est la fleur « de la Provence et l'orgueil des Marseillais. Il faut donc que chacun de « nous ait courage sur courage et cœur sur cœur, et que nous fassions en

« sorte d'abaisser à jamais l'orgueil des Marseillais, qui de tout temps
« ont, plus que tous autres, dédaigné les Catalans ; il faut u e de cette
« bataille vienne grand honneur et grand profit au roi d'Aragon, ainsi
« qu'à la Catalogne. Une fois ces gens-là vaincus, la mer est à nous. Or
« donc, que chacun songe à bien faire. » Ils répondirent à l'amiral :
« Marchons, et certainement ils sont à nous. Voilà venu ce que nous
« avions si longtemps désiré, une occasion de nous battre avec eux. » Et
tous commencèrent à élever ensemble le cri de : « Houra ! houra ! »

« Ils s'embarquèrent et emmenèrent une barque de huit rames
qu'ils trouvèrent à Scicli, afin de pouvoir secrètement examiner le
port; et quand ils furent tous embarqués, ils se mirent en mer avec le
vent qui s'élevait de terre; et avant l'heure de 'matines, ils furent rendus devant le port. Aussitôt, les deux lins armés s'avancèrent à rames
sourdes pour épier l'intérieur du port; et devant les lins, à environ un
trait d'arbalète, s'avançait la barque à huit rames. Les Provençaux de
leur côté avaient placé aux deux pointes qui sont à l'entrée du port
deux lins en vedette. La barque avec ses rames sourdes passa si secrètement au milieu de l'ouverture du port qu'elle arriva devant le fort
sans être aperçue; elle vit les galères qui étaient là en station, les voiles
larguées. Elle les compta toutes et en trouva vingt-deux, plus deux lins
qu'elle découvrit, chacun en vedette à une des pointes du port, avec
leurs voiles larguées. Elle sortit ensuite du port et trouva les deux lins
de l'amiral En Roger qui étaient en station, tirant des bordées au milieu de l'ouverture du port. Elle se rendit aussitôt auprès de l'amiral,
à qui ils racontèrent ce qu'ils en avaient vu.

« L'amiral fit à l'instant disposer son monde et placer les galères en
ordre de bataille. A peine fut-on préparé que le jour parut. Ils crièrent
tous à l'amiral : « Férons sur eux, ils sont à nous! » Mais l'amiral fit
alors une chose qui doit lui être comptée plutôt comme un accès de
folie que comme un acte de raison. Il dit : « A Dieu ne plaise que je les
« attaque, tout endormis qu'ils sont ! Mais que les trompettes et les na-
« caires se fassent entendre pour les éveiller, et je les attendrai jusqu'à
« ce qu'ils soient préparés au combat; car je ne voudrais pas que per-
« sonne pût dire que, si je les ai vaincus, c'est parce qu'ils étaient en-
« dormis. » Tous s'écrièrent alors : « L'amiral a bien parlé. »

« L'amiral se conduisit ainsi parce que c'était le premier combat qu'il livrait depuis qu'il avait été créé amiral, et il voulait par là prouver son courage et la valeur des hommes qu'il commandait. Il fit donc sonner les nacaires et les trompettes, et toutes ses galères entrèrent dans le port en prenant par la gauche et amarrées les unes aux autres. Les Provençaux s'éveillèrent à leur male heure, et l'amiral En Roger fit à l'instant lever les rames et les laissa se revêtir de leurs armures et se préparer; et il descendit du fort environ cent hommes de haut parage, entre Provençaux et Français, qui entrèrent dans les galères; si bien qu'ils en furent beaucoup plus forts qu'avant, comme il le parut bien par la bataille.

« Lorsque Guillaume Cornu, l'amiral marseillais, vit la présomption de l'amiral En Roger de Loria, qui aurait pu les tuer tous et les prendre sans coup férir, il s'écria d'une voix si haute que tous l'entendirent : « Qu'est-ce ceci, grand Dieu! quelle race est-ce là? ce ne sont pas des « hommes, mais des diables qui ne demandent qu'à se battre, car ils « pouvaient nous avoir tous sans aucun risque pour eux, et ils ne l'ont « pas voulu. » Il ajouta : « Allons, seigneurs, tenez ferme contre ces « gens que vous avez à combattre. C'est aujourd'hui que paraîtra ce que « vous savez faire. Voilà le moment qui va décider à jamais de l'audace « des Catalans, de la gloire des Provençaux, ou de la honte de nous tous, « tant que le monde existera. Que chacun pense à bien faire, car voilà « que nous avons trouvé ce que nous allions chercher en partant de « Marseille; et il n'a pas même fallu chercher ces gens puisqu'ils sont « venus vers nous. Maintenant que l'affaire aille donc comme elle pourra, « il n'y a plus un moment à perdre. »

« Il fit alors sonner les trompettes et déployer les grandes voiles; et bien appareillé et en bon ordre de bataille, il marcha avec ses galères contre celles d'En Roger de Loria, qui fondirent également sur les siennes. Elles allèrent férir si vigoureusement l'une contre l'autre au milieu du port, que toutes les proues furent brisées, et la bataille fut terrible et sanglante. Que vous dirai-je? contre le jeu que faisaient les lances des Catalans, contre la force avec laquelle étaient jetés leurs traits il n'y avait aucune défense possible; car il y eut des dards qui perçaient l'homme, la cuirasse et toutes les autres défenses, et des coups de lances qui traversaient l'homme et passaient de l'autre côté du pont de la galère. Quant aux arbalétriers, il n'est besoin de vous en parler, car c'était des arbalétriers d'enrôlement d'élite et si bien dressés qu'ils ne lançaient pas de trait qui ne tuât son homme ou ne le mît hors de combat, car c'est dans ces combats en bataille rangée qu'ils font surtout merveille. Aussi tout amiral de Catalogne ferait-il acte de folie, quand il veut avoir des rameurs surnuméraires à bord de ses galères, d'en prendre plus à bord que dans vingt galères sur cent, pour que celles-ci aillent plus rapidement à la découverte, tandis que les arbalétriers d'enrôlement se tiennent réunis, dressés et bien ordonnés, et qu'ainsi rien ne peut tenir devant eux.

« Que vous dirai-je? la bataille commença au soleil naissant et dura jusqu'au soleil couchant, et elle fut la plus terrible qu'on ait jamais vue. Quoique les Marseillais eussent l'avantage d'une galère et eussent été renforcés de cent hommes du pays, qui étaient descendus du fort de Malte, ils furent à la fin obligés de céder. Lorsque le soir fut arrivé, les Provençaux avaient perdu trois mille cinq cents hommes; il n'en restait donc que bien peu sur les ponts.

« Quand les Catalans virent que ceux-ci se défendaient si vivement, ils crièrent fortement et à haute voix : « Aragon! Aragon! à l'abordage! « à l'abordage! » Tous reprirent une nouvelle vigueur, se jetèrent à l'a-bordage sur les galères marseillaises et tuèrent tout ce qui se trouva sur les ponts. Que vous dirai-je? parmi les blessés ou autres qu'ils préci-pitèrent en bas il n'en échappa pas plus de cinq cents vivans, et encore une grande partie de ceux-là moururent-ils des suites de leurs blessures. L'amiral Guillaume Cornu, tous ses parens et amis qui se trouvaient auprès de lui, ainsi que les gens de haut parage et d'honneur, furent tous mis en pièces. »

Dans un autre genre, le voyage mystérieux et l'apparition secrète de Pierre d'Aragon à Bordeaux, au moment où la présence du roi de France lui faisait craindre de s'y montrer ostensiblement pour son duel avec Charles d'Anjou, sont décrits de la manière la plus vive et la plus originale.

« Lorsque [1] le seigneur roi d'Aragon eut bien vu la bonne volonté que lui portait le sénéchal de Guyenne, il décida que pour rien au monde il ne faillirait à se rendre à Bordeaux, au jour désigné, et à se trouver sur le champ clos; mais il tint la chose si secrète qu'il ne la confia à qui que

[1] Page 204.

ce fût. Ensuite il appela un notable marchand nommé En Dominique de la Figuera, natif de Saragosse, homme loyal, prudent, sage et discret. De tout temps ce bon homme avait fait le commerce de chevaux dans la Gascogne et la Navarre; il les tirait de la Castille et les conduisait partout de ce côté en Bordelais et en Toulousain. C'était un riche marchand qui tirait quelquefois jusqu'à vingt ou trente chevaux à la fois de Castille pour les amener auxdits lieux. Vous devez croire qu'il connaissait bien tous les chemins qui existaient dans ces provinces, routes royales ou de traverse, de plaines ou de montagnes. Il n'y avait pas là, où que fût dans cette partie de l'Aragon et de la Catalogne, de petit sentier qu'il ne connût beaucoup mieux que les gens mêmes du pays; et il était au fait de tout cela par un long usage, car souvent il était obligé de sortir des chemins connus, afin de sauver ses chevaux, à cause de certains riches-hommes, qui souvent auraient été bien aises de s'en emparer pour les guerres qu'ils avaient à faire.

«Quand En Dominique de la Figuera fût arrivé auprès du roi, celui-ci le mena dans une chambre à part et lui dit : « En Dominique , vous « savez que vous êtes notre sujet et que de tout temps nous vous avons « toujours fait honneur à vous et aux vôtres. Nous voulons aujourd'hui « vous employer dans une chose telle que, si Dieu par sa grâce veut « qu'elle réussisse, nous vous ferons tant de bien que vous et les vôtres « vous serez à votre aise à jamais. »

«A ces mots En Dominique se leva, alla baiser les pieds du roi et lui dit : « Seigneur, ordonnez, je suis prêt à obéir à votre commandement. »

«Là-dessus le seigneur roi prit un livre contenant les saints Évangiles et lui dit : «Jurez que vous ne parlerez à homme vivant de ce que « je vais vous dire. » Il le jura aussitôt et lui fit hommage des mains et de la bouche. Après quoi le roi lui parla ainsi : « Voici, En Domi- « nique, ce que vous aurez à faire : vous prendrez vingt-sept de nos « chevaux que je vous désignerai; vous en enverrez neuf en trois en- « droits différens sur la route que nous ferons d'ici à Bordeaux, trois en « chaque lieu; vous en mettrez neuf autres sur le chemin que nous « pourrions prendre en revenant par la Navarre, et les autres neuf sur « le chemin que nous pourrions prendre en revenant par la Castille. « Notre intention est, au jour fixé pour le combat; de nous trouver à « Bordeaux en personne et de la manière suivante. Vous, vous irez à

« cheval comme si vous étiez le seigneur, et nous vous suivrons comme
« votre écuyer, monté sur un autre cheval, un javelot de chasse à la
« main. Nous aurons avec nous En Bernard de Pierre-Taillade monté
« sur un autre cheval, avec une selle de trousse; il portera notre trousse,
« qui sera légère, puisqu'elle ne contiendra que notre robe de parade
« et l'argent nécessaire à la dépense. Il portera aussi à la main un autre
« javelot de chasse. Nous chevaucherons tout le jour sans nous arrêter
« nulle part; à la nuit, au premier son de l'Angelus, nous nous arrête-
« rons dans une auberge, nous mangerons et nous prendrons le repos
« de la nuit. Au premier coup de matines nous aurons les autres che-
« vaux que vous aurez tenus tout disposés; vous les sellerez, et nous les
« monterons; et nous ferons de même partout. Je serai votre écuyer; je
« vous tiendrai l'étrier quand vous monterez à cheval et je découperai
« devant vous à table. En Bernard de Pierre-Taillade sera chargé de pan-
« ser les chevaux. Il faut que de cette manière, à notre départ, de trois
« journées nous n'en fassions qu'une, et qu'à notre retour nous allions
« bien plus vite encore. Nous ne devons pas revenir par la même route
« que nous aurons prise en allant, et nous voulons que cela soit ainsi.
« Voyez donc quel chemin sera le plus sûr pour aller, puis prenez les
« neuf chevaux, et remettez chacun des neuf chevaux à un écuyer de
« vos amis auquel vous puissiez vous fier, et que chacun n'ait qu'ue
« simple couverture à sangle. Expédiez-les ensuite au relais où nous de-
« vons les trouver pour changer. Qu'aucun de vos écuyers ne sache rien de
« ce que font les autres; mais envoyez-les trois par trois à chacun des lieux
« désignés, et ainsi de tous; et que chacun d'eux croie que vous n'en-
« voyez que les trois dont il fait partie. Dites-leur que vous envoyez ces
« chevaux pour les vendre, et qu'ils aient à vous attendre en tel lieu,
« et qu'ils ne s'en éloignent sous aucun prétexte; qu'ils aient grand soin
« d'eux et des chevaux, et que tous les trois se tiennent dans une même
« auberge. Pour nous trois, nous logerons dans une autre auberge, afin
« qu'ils ne me voient pas, car ils pourraient me reconnaître. Disposez
« donc toutes choses comme je vous ai dit, et que personne n'en sache
« rien. Je donnerai mes ordres pour qu'on vous livre les chevaux trois
« par trois, de sorte que ceux qui feront la remise des chevaux ne sauront
« pas ce que nous en voulons faire; car nous leur dirons seulement que
« notre volonté est de vous les livrer pour que vous les fassiez essayer au

« dehors, afin de reconnaître celui qui sera le meilleur pour nous. »

« En Dominique de la Figuera répondit : « Seigneur, tout s'accomplira
« selon vos ordres; dès à présent remettez-vous-en sur moi de toutes les
« dispositions à prendre; et puisque je connais vos intentions, j'ai foi en
« Dieu que j'y donnerai accomplissement de manière que Dieu et vous
« en serez satisfaits. Avec l'aide de Dieu ayez ferme espérance, et je vous
« conduirai à Bordeaux par telle route, que nous n'aurons rien à craindre
« à l'aller et qu'il en sera de même au retour. Songez seulement à faire
« choix d'un homme qui me livre les chevaux. — C'est bien dit, répli-
« qua le roi; allez de l'avant. »

« Alors il fit appeler le chef de son écurie et lui dit : qu'aussi chère
qu'il avait son affection et sous peine de la vie, il se gardât de révéler à
qui que ce fût rien de ce qu'il allait lui dire, car lui et En Dominique
de la Figuera étaient seuls dans le secret.

« Le chef des écuries répondit : « Seigneur, ordonnez, j'obéis. — Al-
« lez sur-le-champ, lui dit le roi, et trois chevaux par trois chevaux, li-
« vrez-en vingt-sept à En Dominique de la Figuera, et qu'ils soient choisis
« parmi les meilleurs que nous ayons. — Seigneur, dit le chef des écu-
« ries, laissez-nous faire En Dominique et moi; j'ai en ce moment en
« mon pouvoir bien soixante-dix chevaux, entre ceux que vous ont en-
« voyés les rois de Majorque et de Castille, ou autres; et nous deux nous
« saurons bien choisir les vingt-sept meilleurs, bien que tous soient si
« bons qu'il y aurait peu à choisir. — Allez; à la bonne heure, dit le
« roi! »

« Ils allèrent et firent chacun ce que le roi leur avait ordonné. Ensuite le roi fit disposer dix chevaliers qui devaient partir chacun sépa-
rément, et les envoya à Bordeaux, un chaque jour, les adressant à En
Gilbert de Cruylles. Chacun d'eux apportait un message à En Gilbert
et un au sénéchal de Bordeaux; et tous étaient chargés de demander
au sénéchal s'il assurait la personne du seigneur roi, car il était disposé à se rendre à Bordeaux au jour du combat. Il faisait ceci par deux
raisons : premièrement, afin que sur la route on s'accoutumât à voir
passer tous les jours des courriers du roi d'Aragon, puis pour voir si,
en allant ou en revenant, ils n'éprouveraient aucun obstacle ou embarras d'aucune espèce, et enfin pour avoir chaque jour des nouvelles;
l'autre raison était la suivante : il n'ignorait pas que le sénéchal avait

ordre de faire tout ce que lui ordonnerait le roi de France, sauf néanmoins qu'il avait mandement exprès du roi d'Angleterre de ne souffrir, sous quelque prétexte que ce fût, que la personne du roi éprouvât mal ni dommage; et c'était parce que le roi d'Angleterre savait que ce sénéchal était tout corps et âme avec le roi d'Aragon, ainsi qu'avait toujours été tout son lignage, que, dès qu'il avait appris que le combat devait avoir lieu, il l'avait fait sénéchal de tout le Bordelais. A mesure donc que le sénéchal recevait un message du roi d'Aragon, il allait en faire part au roi de France; et le roi de France le chargeait de lui écrire de venir, que le champ était disposé et que le roi Charles était tout appareillé. Mais le sénéchal écrivait tout au contraire: que, si chère comme il avait sa vie, il n'y vînt pas; qu'il en serait justifié aux yeux de Dieu et de tout le monde; et que c'était parce que le roi d'Angleterre avait bien vu qu'il ne pourrait répondre de la sûreté de sa personne qu'il n'avait pas voulu venir à Bordeaux; et qu'ainsi, pour rien au monde, il ne s'aventurât d'y venir. Par ce moyen donc, le roi de France recevait journellement de ses nouvelles, et il n'était pas de jour qu'il n'arrivât un courrier; et il était ainsi entretenu dans la croyance que le sénéchal écrivait dans le sens qu'il lui prescrivait, et dans la persuasion que le roi d'Aragon arriverait.

« Tout fut ordonné et continué ainsi, et le jour du combat approcha. Le seigneur roi d'Aragon fit appeler En Bernard de Pierre-Taillade, fils du noble En Gilbert de Cruylles, se renferma dans une chambre avec lui et avec En Dominique de la Figuera, lui fit part de son projet et lui ordonna de garder le secret. Celui-ci le promit aussi bien que En Dominique. Il leur ordonna de se tenir prêts à partir cette nuit même; puis il fit dire au chef des écuries de tenir prêts et sellés avec les selles d'En Dominique les trois chevaux désignés, et de mettre sur le premier la selle de trousse. Tout fut ainsi disposé, et nul ne fut initié dans le mystère qu'eux trois et le chef des écuries, car le roi savait bien que personne n'eût consenti à le voir courir un tel hasard; mais lui, il avait le cœur si haut et si loyal qu'il n'aurait pas voulu pour rien au monde ne pas se trouver sur la lice au jour marqué. Voilà pourquoi il ne voulut pas qu'aucun homme au monde en sût rien, pas même son fils aîné, l'infant En Alphonse, qui était auprès de lui. Que vous dirai-je de plus? Au coup de minuit sonnant, ils se levèrent; le chef des écuries

avait préparé les trois meilleurs chevaux. Le seigneur roi monta sur
l'un des chevaux, portant devant lui la robe de parade d'En Dominique de la Figuera et un javelot de chasse en main, vêtu en dessous
d'une bonne cotte de mailles composée des épaulières et de la cami-
sole, le tout couvert d'un surtout de toile verte; la robe qu'il portait
était en mauvais état et vieille, il avait de plus un chaperon et une vi-
sière avec une résille de fil blanc sur la tête. En Bernard de Pierre-
Taillade était vêtu de même et portait la trousse, c'est-à-dire une valise
qui pesait bien peu, et il avait un javelot de chasse en main. En Dominique de la Figuera était équipé en seigneur, comme il avait coutume
de le faire, et chevauchait bien houssé. Il avait un grand chapeau pour
le soleil et des gants; enfin il était paré dans toutes les règles. En Bernard de Pierre-Taillade portait un grand sac qui pouvait contenir six
fouaces, afin de pouvoir manger pendant le jour, et boire de l'eau en
tel lieu où ils ne seraient vus de personne.

« Ils partirent ainsi de Jaca sous la garde de Dieu; et ils allaient si
rapidement qu'entre la dernière heure de la nuit, le jour, et ce qu'ils
prenaient sur la nuit suivante, ils faisaient trois journées. Ils arrivaient
toujours à l'auberge pour reposer jusqu'à l'heure de prime. Pendant
le jour ils ne mettaient pied à terre en nul lieu habité et descendaient
seulement pour boire; car ils mangeaient leur pain à cheval en faisant
route. Au bout de leur journée ils trouvaient trois autres chevaux; alors
En Dominique allait avec son hôte à l'auberge où ils étaient. Ceux qui
avaient conduit lesdits chevaux avaient grand plaisir à le voir et lui
demandaient comment il était ainsi arrivé si tard dans la nuit; et il
leur répondait que c'était pour que les chevaux ne marchassent pas
durant la chaleur.

« Tandis qu'il était là avec ses gens, le roi et En Bernard de Pierre-
Taillade préparaient le repas. Quand En Dominique supposait que les
préparatifs du repas pouvaient être terminés, il venait à l'auberge re-
trouver le seigneur roi et En Bernard de Pierre-Taillade, et faisait rester ceux avec lesquels il se trouvait, en leur disant que le lendemain
matin il viendrait les voir. De retour au logis, il trouvait le couvert
mis; le seigneur roi lui versait l'eau pour laver les mains, et En Bernard pansait les chevaux. Quand En Dominique était servi de la soupe
et que le roi avait découpé devant lui, En Bernard revenait, et le roi

et lui mangeaient ensemble à une autre table. Ils prenaient ainsi leurs repas, et vous pensez bien qu'il n'y avait pas de grands discours, chacun n'étant occupé qu'à porter les morceaux à sa bouche. Aussitôt leur repas terminé, ils allaient se reposer jusqu'à l'heure de matines. A l'heure de matines ils se levaient; En Dominique allait conduire les trois chevaux à l'auberge où se trouvaient les autres, faisait ôter les selles pour les mettre sur ceux qui étaient frais, et ordonnait à son monde d'en avoir grand soin; puis ils montaient à cheval. Et ils continuèrent de faire ainsi tous les jours, de même qu'ils avaient fait le premier jour.

« Ils allèrent si bien qu'ils se trouvèrent à une demi-lieue de Bordeaux à l'heure où la cloche du soir annonçait l'angelus. Ils allèrent à la demeure d'un chevalier ancien et prud'homme, grand ami dudit En Dominique, qui les reçut très-bien. Après souper ils allèrent dormir. Au matin, dès l'aube du jour, ils se levèrent, montèrent à cheval et se rendirent du côté du champ; et ce jour était précisément le jour où la bataille devait avoir lieu. Ils envoyèrent aussitôt leur hôte à En Gilbert de Cruylles, qui était logé hors de la ville dans l'auberge la plus voisine de la lice. Ils le chargèrent de lui dire que En Dominique de la Figuera et un chevalier du roi d'Aragon se trouvaient chez lui, où ils avaient passé la nuit et qu'ils le priaient de venir aussitôt leur parler.

« L'hôte alla alors trouver En Gilbert, qui déjà était levé, et lui fit part de son message. En Gilbert, qui savait que c'était précisément ce jour-là que les rois devaient se présenter dans la lice, était tout inquiet, et se douta de ce qu'il allait voir, connaissant comme il le faisait le cœur si haut et la foi si pure du roi d'Aragon. Il monta donc aussi à cheval, avec l'hôte seulement, sans prendre personne avec lui. Et dès qu'il fut auprès d'eux et eut reconnu le roi, il changea tout à coup de couleur; toutefois il était si prudent qu'il ne laissa rien paraître, à cause de l'hôte. Le seigneur roi le prit en particulier et laissa l'hôte avec En Dominique et En Bernard. Lorsqu'ils furent seuls, En Gilbert lui dit : « Ah! seigneur, qu'avez-vous fait, et comment vous êtes-vous jeté « en telle aventure? — En Gilbert, répondit le roi, je suis bien aise que « vous sachiez que, quand j'aurais su y perdre mon corps, je n'aurais « pour quoi que ce soit au monde, laissé d'y venir. Ainsi épargnons- « nous là dessus de plus longs discours. Vous m'avez fait dire que je pou-

« vais me fier au sénéchal; allez donc le trouver et dites-lui que se
« trouve ici un chevalier du roi d'Aragon qui désire lui parler, et qu'il
« ait à amener avec lui un notaire et six chevaliers tout à lui, sans plus,
« et cela sans retard. »

« En Gilbert alla incontinent trouver le sénéchal et lui répéta les
propres paroles du roi. Le sénéchal alla vers le roi de France et lui
dit : « Seigneur, un chevalier vient d'arriver ici de la part du roi
« d'Aragon et désire me parler; et avec votre permission , je vais me
« rendre auprès de lui, »

« Le roi de France, qui était accoutumé à recevoir chaque jour de
telles demandes, répondit : « Allez donc, à la bonne heure; et quand
« vous vous serez entretenu avec lui, faites-nous savoir ce qu'il vous aura
« dit. — Je le ferai, seigneur. » Alors le sénéchal prit avec lui le notaire
le meilleur et le plus expérimenté qui fût à la cour d'Angleterre, et six
chevaliers des plus notables de sa compagnie; et lorsqu'ils furent rendus au champ, ils y trouvèrent le seigneur roi, En Bernard de Pierre-
Taillade et En Dominique de la Figuera. Le sénéchal entra dans la
lice avec ceux qui l'avaient accompagné, ainsi que l'hôte, qui était
venu avec le roi, et En Gilbert, qui avait accompagné le sénéchal.

« Quand le sénéchal fut entré au champ, le seigneur roi alla au-devant
de lui et de ses compagnons et le salua de la part du seigneur roi, et
celui-ci lui rendit son salut avec courtoisie. « Sénéchal, dit le roi, je
« comparais ici devant vous pour le seigneur roi d'Aragon; car c'est
« aujourd'hui le jour que lui et le roi Charles avaient fixé, en promet-
« tant sous serment qu'à ce jour précis ils se présenteraient en lice. Je
« vous somme donc de me déclarer si vous pouvez garantir la sûreté du
« champ et la personne du roi d'Aragon, au cas où il viendrait se pré-
« senter aujourd'hui en lice. — Seigneur, dit le sénéchal, je vous ré-
« ponds en peu de mots, de la part de mon seigneur le roi d'Angleterre
« et en mon nom, que je ne pourrais vous garantir la sûreté du lieu; et
« je vous déclare au contraire, au nom de Dieu et du roi d'Angleterre,
« que nous le regardons comme excusé, et que nous le tenons pour bon
« et loyal et quitte de son engagement, attendu que nous ne pourrions
« le garantir en rien; nous savons au contraire comme chose certaine
« que, s'il se présentait ici, rien ne saurait empêcher que lui aussi bien
« que ceux qui viendraient avec lui n'y périssent tous; car voici que le

« roi de France et le roi Charles sont ici avec douze mille cavaliers ar-
« més. Vous pouvez donc imaginer comment mon seigneur roi d'Angle-
« terre et moi nous serions en état de le garantir. — Donc, dit le sei-
« gneur roi, je vous prie qu'il vous plaise, sénéchal, que procès-verbal
« soit dressé de cette déclaration, et que vous ordonniez à votre notaire
« de la mettre sur-le-champ par écrit.

« Le sénéchal dit que cela lui plaisait, et il en donna l'ordre. Le notaire écrivit donc aussitôt tout ce qu'avait dit le sénéchal; et lorsqu'il
en vint à demander au roi quel était son nom, le roi dit au sénéchal :
« Sénéchal, me garantissez-vous, moi et ceux qui sont ici avec moi? —
« Oui, seigneur, répondit-il, sur la foi du roi d'Angleterre. » Alors le roi
jette aussitôt son chaperon en arrière, et lui dit : « Sénéchal, me re-
« connaissez-vous? » Le sénéchal le regarda, reconnut que c'était le roi
d'Aragon et voulut mettre pied à terre; mais le seigneur roi ne le
permit pas et le fit au contraire rester à cheval; puis il lui donna sa
main à baiser. Le sénéchal la baisa et dit : « Ah! seigneur, qu'avez-
« vous fait? — Je suis venu, répondit le roi, pour sauver mon serment;
« et je veux que tout ce que vous avez dit aussi bien que tout ce que je
« dirai moi-même, le notaire l'écrive tout au long; et comment j'ai
« comparu en personne et comment j'ai parcouru tout le champ. »

« Alors il frappe son cheval de l'éperon, fait tout le tour de la lice et
la traverse ensuite par le milieu, en présence du sénéchal et de tous
autres qui se trouvaient présens. Pendant ce temps-là, le notaire rédi-
geait son acte; et tandis qu'il écrivait tout ce qui était relatif à l'affaire,
en justification du roi et en toute vérité, le roi ne cessait de chevau-
cher à travers tout le champ, de manière qu'il le parcourait tout entier, son javelot de chasse à la main, et chacun s'écriait : « Grand Dieu!
« quel chevalier est celui-ci? Non, jamais ne naquit chevalier qui lui fût
« comparable corps pour corps. »

« Ayant ainsi parcouru le champ à plusieurs reprises, tandis que le
notaire dressait son acte, il se rendit à la chapelle, descendit de son
cheval, qu'il tint par la bride, fit sa prière à Dieu, récita les oraisons
qui doivent être dites dans cette circonstance, et loua et bénit Dieu
de ce qu'il l'avait conduit ce jour-là de manière à remplir son serment.

« Lorsqu'il eut terminé son oraison, il revint trouver le sénéchal et les
autres personnes. Le notaire, qui avait écrit tout ce qu'il avait à écrire,

en fit lecture en présence du seigneur roi, du sénéchal et des autres, et prit leur témoignage en foi de ce qui avait été fait : comment le seigneur roi avait par trois fois déclaré au sénéchal que, s'il voulait lui garantir le champ, il resterait pour remplir les conditions du combat; comment trois fois le sénéchal lui avait répondu que non; tout cela fut écrit; et comment, bravement, sur son cheval, son javelot de chasse en main, il avait fait tout le tour du champ, l'avait traversé par le milieu, et de côté en côté, et comment il était allé faire son oraison à la chapelle. Et quand tout cela fut rédigé sous forme d'acte public, le seigneur roi requit au sénéchal d'ordonner au notaire de faire deux copies de ces actes, répartis par A. B. C. « L'une, dit-il, res- « tera entre vos mains, sénéchal; et quant à l'autre, vous la remettrez « pour nous à En Gilbert de Cruylles. — Seigneur, dit le sénéchal, je « l'ordonne ainsi au notaire; je veux donc que tout ceci soit fait, et ceci « s'accomplira. »

« Après ces mesures arrêtées, le roi prit le sénéchal par la main, se mit en route et alla jusqu'à la maison où ils avaient couché. Quand ils furent devant la tourelle de la maison, le seigneur roi dit au séné- chal : « Ce chevalier nous a fait beaucoup d'honneur et de plaisir en « son hôtel; c'est pourquoi nous vous prions qu'en notre honneur, le « roi d'Angleterre et vous-même vous lui fassiez tel don que lui et tout « son lignage y trouvent accroissement. — Seigneur, répondit le séné- « chal, il en sera fait ainsi. » Le chevalier accourut pour baiser la main au seigneur roi. Après ces paroles, le seigneur roi dit encore au séné- chal : « Attendez un moment, que je descende prendre congé de la « dame qui nous a, cette nuit, si bien reçus.—Seigneur, dit le sénéchal, « faites à votre plaisir; c'est l'effet de votre courtoisie. » Le roi mit donc pied à terre et alla prendre congé de cette dame. Et quand la dame sut qu'il était le roi d'Aragon, elle se jeta à ses pieds et rendit grâces à Dieu et à lui de l'honneur qu'il leur avait fait.

« Après avoir ainsi pris congé de la dame, le roi remonta à cheval et se mit en route avec le sénéchal et l'emmena bien à une lieue loin, toujours en conversant avec lui et le remerciant de la bonne volonté qu'il avait trouvée en lui. Ensuite le sénéchal dit à En Domi- nique de la Figuera : « En Dominique, vous connaissez les chemins; « je vous conseille que pour rien au monde vous ne retourniez ni par où

« vous êtes venus ni par la Navarre; car je sais que le roi de France a
« écrit de tous côtés qu'à dater d'aujourd'hui on arrête tout homme qui
« appartiendrait au roi d'Aragon, soit qu'il vienne, soit qu'il s'en re-
« tourne. — Vous dites bien, seigneur, répondit En Dominique, et s'il
« plaît à Dieu, nous y mettrons ordre. »

« Là-dessus ils prirent congé les uns des autres; et le seigneur roi
partit avec la grâce de Dieu et prit la route de la Castille [1]. »

Les débats entre les Français de Naples et Pierre d'Aragon avaient,
malgré des alliances de famille, amené des débats entre Pierre et le
roi Philippe-le-Hardi, fils de saint Louis et neveu du roi Charles de
Sicile. On a vu que cette animosité réciproque s'était déjà manifestée
à l'occasion de ce duel à Bordeaux, où Pierre ne crut pas prudent de
se livrer complétement à la bonne foi suspecte de ses ennemis. Des
débats plus profonds ne devaient pas tarder à éclater; car le souvenir
de l'appui donné par Pierre aux Vêpres siciliennes avait laissé un profond ressentiment dans le cœur du pape et du roi de France. Aussi, à
peine était-il établi en Sicile que le roi de France se prépara à lui faire
une guerre obstinée en Aragon. Le pape, qui regardait la Sicile comme
son patrimoine, excommunia Pierre d'Aragon, et non-seulement il
refusa de le reconnaître comme roi de Sicile, mais il mit son royaume
d'Aragon en interdit, délia ses sujets du serment de fidélité et donna
à Charles de Valois, second fils de Philippe-le-Hardi, la couronne
d'Aragon. Pour faire valoir les droits de son fils et venger les injures
de sa famille, Philippe-le-Hardi se disposa donc à marcher avec toutes
ses forces contre Pierre. La campagne de Catalogne par Philippe-le-
Hardi, en 1285, offre les traits de ressemblance les plus curieux avec
notre campagne de 1808.

Deux écrivains contemporains nous ont donné l'histoire intéressante
de cette campagne. L'un, Muntaner, dont j'ai déjà parlé, est plus
animé, mais aussi moins impartial et plus passionné; l'autre, Bernard
d'Esclot, homme de paix, raconte plus froidement, mais plus impar-
tialement ce qui s'est passé dans cette lutte si glorieuse pour Pierre
d'Aragon et si désastreuse pour nous.

« A la nouvelle de cette invasion, ai-je dit ailleurs [2], Pierre fit appel

---

[1] Voyez Muntaner, chap. XC. Le mot En em- pond au Don castillan.
ployé en catalan devant les noms d'hommes ré- [2] Notice sur Muntaner, page XLVIII.

à ses vassaux d'Aragon et de Catalogne, ainsi qu'aux citoyens des villes, des bourgs et des châteaux; mais son appel ne fut pas entendu. Des débats récens lui avaient aliéné les cœurs à la fois des nobles et des communes, car il avait à tous arraché leurs actes de franchise qu'il avait fait brûler sous ses yeux : aux nobles, parce qu'ils étaient devenus les oppresseurs des communes placées à proximité de leurs châteaux; aux communes, parce qu'avec son caractère impétueux mais honnête, il croyait l'étendue de leurs libertés attentatoire au droit de la justice, qui fut de tout temps sa vertu incontestée. De là la formation de la célèbre Union d'Aragon pour résister aux empiétemens de la couronne. Les Catalans, plus attachés de cœur à une famille grandie avec eux-mêmes, n'allèrent pas si loin que les Aragonais; mais quand Pierre les somma, selon leurs sermens, de lui donner aide de leur corps, ils se présentèrent tous devant lui, portant à la main leurs lances sans fer, à la ceinture des fourreaux vides de leurs épées, et couverts seulement de leurs armes défensives, la cuirasse, la targe et l'armet, lui annonçant que, conformément à leurs sermens, ils venaient lui offrir leurs corps, et que, dussent-ils tous perdre la vie, ils étaient prêts à le suivre partout où il lui plairait de les mener; mais que, quant à défendre par le fer et le feu le roi qui avait lacéré et incendié les chartes et priviléges accordés pour leur propre défense, c'est ce qu'il n'obtiendrait jamais d'eux.

« Pierre, ne voulant pas qu'il fût dit que c'était le danger présent qui le faisait céder, se décida à soutenir la lutte [1], secouru seulement des gens de ses propres domaines, réunis à tous ceux que put lui recruter ou son argent ou leur propre espoir de pillage, et aussi l'habileté de son célèbre amiral Roger de Loria. Cette lutte fut pénible mais glorieuse pour lui. Peu à peu les rangs de son armée se grossirent, en même temps que se diminuaient les rangs français. La maladie devint le plus puissant de ses auxiliaires; et, après quelques mois, Philippe-le-Hardi, mourant, fut escorté par la générosité de Pierre victorieux jusque sur le versant roussillonnais des Pyrénées, et vint expirer à Perpignan. Épuisé lui-même par ses fatigues, Pierre mourut peu de

[1] D'Esclot met dans sa bouche ces paroles chevaleresques :

« E yo, barons, no son sino hun cavaller; e entrels altres, sim pot romanir lo cavall e les armes, aytan ben cuyt viure de cavalleria com nengu qui hic six. » (P.711.)

mois après Philippe, mais vainqueur et réconcilié avec les siens.

« C'était au moment même où les derniers rangs de l'escorte royale descendaient de la cime des Pyrénées espagnoles dans les plaines du Roussillon, conduits comme d'une escorte par le roi Pierre et sa cavalerie, que s'opéra de la manière la plus noble cette complète réconciliation. Bernard d'Esclot nous peint le roi Pierre d'Aragon fixant sa tente sur une tertre, près du lieu où les Français avaient pris leur dernier campement; là, rassemblant autour de lui ses barons, ses chevaliers et tous ceux qui voulaient l'entendre, il leur adressa ces mots que je traduis littéralement de d'Esclot :

« Barons, grand honneur nous confère en ce moment Notre Seigneur
« Dieu, non par un effet de nos mérites, mais par un effet de sa seule
« bonté; car, comme vous l'avez tous vu, le roi de France était na-
« guères entré dans ce pays avec grande joie et allégresse, et le voilà
« en ce moment qui en sort à grande perte de gens et d'avoir. Je me
« dois à moi-même de reconnaître que, si tant d'hommes de ma terre
« ont aussi éprouvé de grands maux sans raison et ont perdu ce qu'ils
« avaient, c'est pour moi et par moi qu'ils ont souffert, et que c'est
« moi surtout qui suis responsable de ce qui s'est passé, moi qui me
» suis toujours obstiné à rejeter tous vos conseils. Et cependant vos
« conseils étaient bons et loyaux, et tels que, si je les eusse sollicités
« au lieu de les rejeter, les maux faits par nos ennemis à moi-même
« et à vous auraient sans doute été moins grands qu'ils n'ont été. Et,
« je vous le dis, si jamais homme conduisit avec désordre une grande
« entreprise, cet homme c'est moi. Mais Notre Seigneur Dieu Jésus-
« Christ, à qui déplaît l'enivrement du superbe et qui sourit à l'humilité
« de l'opprimé, a retiré sa main des Français et nous a relevés et res-
« taurés dans nos affaires, et vous et moi. A qui ne l'aurait pas vu, on
« ne saurait, vous le savez, faire comprendre toutes les aventures, tous
« les désastres qui nous sont advenus en cette guerre; et de tout cela,
« la merci Dieu! il nous a bien pris. Après avoir senti et reconnu publi-
« quement ma faute et la grâce que Dieu m'a faite, et la bonne aide
« que vous m'avez prêtée, et la bonne affection que vous m'avez de
« tout temps manifestée, je vous adjure et requiers tous, que de tout
« ce que j'ai jamais pu faire qui vous soit venu à déplaisir, vous
« veuilliez bien m'en donner un pardon plein, entier et sans délai.

« Et puisque Dieu nous a accordé un tel honneur que nous voyons
« ici devant nous humiliés et vaincus nos puissans ennemis, nombreux
« comme le monde, sachons, sans férir un seul coup, en tirer ven-
« geance telle qu'à jamais ils apprennent à ne plus se hasarder à rien
« de semblable. Et puisque Dieu a eu pitié de nous, ayons aussi pitié
« d'eux en ce moment suprême. Si tel est votre avis, je saurai faire
« exécuter votre volonté, et sinon dites-moi sans délai ce à quoi vous
« vous arrêtez. »

Ce triomphe du roi d'Aragon avait été souillé par des cruautés que
d'Esclot raconte avec le plus grand sang-froid et comme chose ordi-
naire. On en jugera par un seul exemple. Roger de Loria avait rem-
porté un grand avantage maritime sur les Français. Plus de cinq mille
Français avaient, suivant le récit de d'Esclot, péri dans le combat, et
il ne restait plus sur 13 galères prises par Roger que 560 hommes, dont
300 étaient blessés. Roger chargea tout son butin à bord de ces 13 galères
et l'envoya avec ses 560 prisonniers au roi Pierre d'Aragon, qui était à
Barcelonne.

« Le roi d'Aragon, dit d'Esclot [1], en eut grande joie; et de bon
matin il fit prendre les trois cents prisonniers blessés qui étaient à
bord des galères, et les fit débarquer, et les fit enchaîner tous avec
une corde, et les fit attacher à la poupe d'une galère, et les fit lancer
dans la mer à la vue de qui voulut en être témoin, et tous y périrent.
Puis il fit prendre les 260 prisonniers qui n'étaient pas blessés, et à tous
il leur fit arracher les deux yeux, et il les fit enchaîner avec une seule
corde. Et il avait mis de côté un seul d'entre eux auquel il n'avait fait
arracher qu'un seul œil, afin qu'il pût servir de guide aux autres; et
tous ainsi enchaînés il les renvoya au roi de France. »

Cette animosité nationale se manifeste quelquefois d'une façon
moins odieuse. Une sorte de gasconnade que d'Esclot met dans la
bouche de l'amiral Roger de Loria est racontée par lui d'une
manière fort piquante.

« D'après l'ordre du roi de France, dit d'Esclot [2], le comte de Foix
et Raimond Roger vinrent, avec un sauf-conduit, trouver En Roger de
Loria pour lui demander une trève; mais En Roger leur répondit que

[1] Page 726 de mon édit.   [2] Page 726 de mon édition.

jamais, tant qu'il vivrait, il ne ferait trêve avec les Français ni avec les Provençaux, lors même que le roi d'Aragon pourrait trouver bon d'en faire une de son côté. Le comte de Foix, à ce discours, se sentit fort courroucé et lui dit : « Sire Roger, vous êtes fort obstiné et fort mauvais « de prétendre ne pas vouloir accorder de trève à un aussi grand seigneur « qu'est le roi de France. Prenez garde de ne pas avoir à vous en repentir « un jour. Si pendant un temps vous avez eu bonne fortune sur mer, « vous ne l'aurez peut-être pas toujours; car avant que vienne un an, le « roi de France aura fait construire trois cents corps de galères, et nous « verrons alors où sera votre audace; car il est bien évident qu'avec toute « sa puissance, Pierre d'Aragon ne saurait en armer autant. — Seigneur, « lui répondit En Roger, sauf votre honneur, je ne suis ni mauvais ni « entêté; mais je vous répèterai ce que je vous ai dit : que je ne veux « pas de trève avec le roi de France. Et quant à ce que vous me dites « que pendant un temps j'ai eu bonne fortune sur mer, j'en rends grâces « à Dieu, qui me l'a donnée, et j'espère bien qu'il me la donnera « encore pour la défense des droits de mon seigneur le roi d'Aragon et de « Sicile; et je ferai payer cher le dommage qu'on lui fait souffrir indû- « ment. Quant à ce que vous me dites, qu'avant que vienne un an le roi « de France aura fait armer trois cents corps de galères, cela ne me « touche en rien. Je crois bien qu'il peut armer les trois cents galères « que vous dites, et plus encore. Et moi, pour l'honneur de mon seigneur « le roi d'Aragon et de Sicile, j'en armerai cent, et pas une en sus. Et « quand j'aurai armé ces cent galères, que le roi de France s'occupe à « en armer trois cents ou dix mille, si bon lui semble, je ne crains pas « qu'il ose se trouver devant moi nulle part. Je prétends même que « galère ni autre vaisseau n'ose se montrer sur mer sans sauf-conduit « du roi d'Aragon. Que parlé-je de vaisseau ou de galère, je ne présume « même pas qu'un seul poisson ose se soulever au-dessus des eaux de la « mer, s'il ne porte la queue écussonnée des armes du roi d'Aragon, « comme sauf-conduit de ce noble seigneur le roi d'Aragon et de Sicile. » En entendant cette réponse d'En Roger de Loria, le comte de Foix ne put s'empêcher de sourire. »

Ainsi sont racontés par des témoins contemporains, écrivains habiles et bien informés, les événemens les plus éclatans de notre histoire pendant le treizième siècle : la création de l'empire français de Cons-

tantinople et de la principauté française de Morée, la croisade de saint
Louis en Égypte, l'établissement du frère de saint Louis sur le trône
des Deux-Siciles, les Vépres siciliennes suivies de la querelle entre
Charles d'Anjou et Pierre d'Aragon, et la campagne de Catalogne à la
suite de laquelle mourut Philippe-le-Hardi. Et ces grands événemens
de la vie politique et militaire de la France ne sont jamais séparés de
l'histoire des mœurs et des lois, car, à leur insu même, ces écrivains
nous tracent le tableau le plus fidèle des mœurs de leur siècle. Leurs
croyances, leurs préjugés, leurs vertus, leurs défauts font partie
nécessaire de l'histoire de leur temps. Un tableau naïf des soins pris
par Muntaner pour transporter en Aragon le dernier rejeton de la race
de Ville-Hardoin, Jacques de Majorque, fils d'Isabelle de Ville-
Hardoin et de Ferdinand de Majorque, mettra le lecteur en état de
juger si je m'exagère l'utilité à recueillir de la lecture des chroniques.

Muntaner se disposait à accompagner l'infant Fernand de Majorque,
son ami, dans la principauté de Morée, contre Louis de Bourgogne,
et l'infant lui avait donné ses instructions à cet effet, lorsque la mort
de la jeune Isabelle de Ville-Hardoin, à la suite de ses couches, vint
changer les résolutions de Fernand, qui se décida à confier à Muntaner
son fils nouveau-né pour le conduire à sa grand'mère en Catalogne.
Voici comment Muntaner rend compte de la mission qui lui fut confiée
et de la manière dont il s'en acquitta :

« Au moment où je venais d'entendre ma messe, l'infant manda
devant lui un grand nombre de chevaliers et de bonnes gens, et en
présence de tous il me dit : « En Ramon Muntaner, il est vérité que
« l'homme du monde envers lequel nous nous tenons pour plus
« obligé qu'envers aucun autre, c'est vous; » et là il en donna beaucoup de bonnes raisons. Il raconta : comment, pour son service, j'avais
perdu tout ce que j'apportais de Romanie; comment j'avais été mis en
prison avec lui; comment, à cause de lui, le roi Robert m'avait fait
beaucoup de mal; comment je lui avais prêté de mon avoir en Romanie
et abandonné tout ce que je possédais; comment tous les emplois que
je tenais dans la compagnie, je les avais abandonnés par affection pour
lui, et enfin bien d'autres services que moi je ne me rappelle pas, mais
que lui assurait que je lui avais rendus. Il ajouta : que maintenant
en particulier, et par pure affection pour lui, je venais d'abandonner

encore la capitainerie de Gerbes, que j'avais possédée pendant sept
ans, et que depuis je venais de lui prêter en ce moment même tout
l'argent que je possédais. « Enfin, dit-il, tant et si grands sont les ser-
« vices que vous nous avez rendus qu'il y aurait impossibilité à nous de
« pouvoir jamais vous en donner le guerdon. Et aujourd'hui telle est
« notre position qu'au-dessus de tous les services que vous nous avez
« rendus s'élèvera encore celui que nous voulons vous prier de nous
« rendre; et je vous prie en présence de tous ces chevaliers de vouloir
« bien nous octroyer de nous rendre ce service. » Je me levai à l'instant,
j'allai lui baiser la main et lui rendis grâces du bien qu'il avait dit de
moi, et de vouloir bien se tenir comme ayant été bien servi de moi ; et
je lui dis : « Seigneur, ordonnez ce que vous voulez que je fasse, et tant
« que j'aurai vie au corps, je ne faudrai en rien de ce que vous m'aurez
« ordonné. — Maintenant, dit-il, ce que nous désirons de vous, nous
« allons vous le dire. Il est bien vrai qu'il nous serait fort nécessaire que
« vous vinssiez avec nous en ce voyage, qu'on y aurait grand besoin de
« vous et que vous y ferez grand'faute; mais le service que nous vous
« demandons nous tient tant à cœur qu'il faut que tout autre cède à
« celui-là.

« C'est véritablement Dieu qui nous a donné ce fils En Jacques de
« madame notre femme; nous vous prions donc de le recevoir de nous,
« de le porter à la reine notre mère et de le mettre entre ses mains. Vous
« noliserez des nefs ou armerez des galères, ou tout autre bâtiment sur
« lequel vous penserez qu'on puisse aller plus sûrement. Nous adres-
« serons une lettre au noble En Béranger Des Puig, chevalier et notre
« fondé de pouvoir, pour qu'il vous avance tout l'argent dont vous aurez
« besoin et qu'il vous croie de tout ce que vous lui direz de notre part.
« Nous écrirons de même à madame la reine notre mère et au seigneur
« roi de Majorque notre frère, et nous vous ferons une charte de pro-
« curation générale pour toutes les quatre parties du monde, savoir : du
« ponent au levant et du midi au nord. Et tout ce que vous promettrez,
« ferez ou direz pour nous, à cavaliers ou gens de pied, ou à tous
« autres, nous le tenons pour bien et le confirmons, et nous ne vous
« dédirons en rien, et nous en donnerons comme caution toutes
« les terres, châteaux et autres lieux que nous possédons et espérons
« posséder avec l'aide de Dieu. Ainsi vous partirez avec notre plein et

« entier pouvoir; et lorsque vous aurez remis notre fils à madame la
« reine notre mère, vous irez chez vous, et reconnaîtrez et arrangerez
« toutes vos affaires; puis, quand vous aurez tout terminé, vous viendrez
« nous joindre avec toutes les troupes de cheval et de pied que vous
« pourrez réunir. Le seigneur roi de Majorque, notre frère, vous comptera
« tout l'argent que vous lui demanderez pour payer les troupes que vous
« nous amènerez. Voilà ce que nous désirons que vous fassiez pour
« nous. »

« Et moi, en entendant toutes ces choses, je fus fort ébahi de la
grande charge qu'il plaçait sur mes épaules, c'est-à-dire son fils; et lui
demandai en grâce un collègue. Il me répondit qu'il ne me donnerait
aucun collègue, mais que je me tinsse prêt et que je le gardasse comme
on doit garder son seigneur ou son propre fils. Je me levai aussitôt et
allai·lui baiser la main. Je fis sur moi le signe de la croix et je reçus ce
bienheureux ordre.

« Le seigneur infant ordonna à l'instant à En Othe de Monells, chevalier, qui tenait son fils en garde dans le château de Catane, de me le
livrer, et que de là en avant il le tînt à mes ordres et non à ceux
d'aucun autre et que toutes et quantes fois que je le jugerais à
propos il me le remît. Ce chevalier me fit serment et hommage de
cela, et ainsi fis-je; et depuis ce jour l'infant En Jacques, fils du
seigneur infant En Fernand, fut en mon pouvoir. Et ce jour-là il y avait
quarante jours qu'il était né, et pas davantage. Je me fis rédiger la
charte de procuration, ainsi que je l'ai déjà dit, avec sceau pendant,
aussi bien que toutes les autres chartes.

« Il est vérité que lorsque le seigneur En Fernand fut parti de
Messine je nolisai une nef de Barcelonne, qui se trouvait au port de
Palerme, appartenant à En P. Des-Munt, pour qu'elle vînt à Messine,
et de Messine à Catane. J'y envoyai en même temps une dame de haut
parage, très-excellente dame. Elle était du Lampourdan et se nommait
madame Agnès d'Adri, et était venue en Sicile comme compagne de
la noble dame Isabelle de Cabrera, femme du noble En Béranger
de Sarria. Elle avait eu vingt-deux enfans, et c'était une dame très-
bonne et très-pieuse. Je m'arrangeai avec ladite dame Isabelle et ledit
noble En Béranger son mari pour qu'ils me la laissassent, afin de
confier à ses soins le seigneur infant En Jacques, fils du seigneur infant

En Fernand; et leur courtoisie voulut bien m'accorder ma demande. Je lui confiai donc le seigneur infant, d'abord parce qu'il me semblait qu'elle devait fort bien se connaître en fait d'enfans, puis parce qu'elle était d'une grande bonté et qu'enfin elle était de bon et noble parage. Près de lui se trouvait aussi une autre bonne dame qui avait été autrefois nourrice du seigneur infant En Fernand et que madame la reine de Majorque lui avait envoyée dès qu'elle avait su qu'il venait de se marier. Je fis choix aussi de plusieurs autres dames avec leurs enfans, afin que, si l'une venait à manquer, les autres pussent la remplacer; et je les pris avec leurs enfans afin que leur lait ne vînt pas à se gâter. L'infant avait une bonne nourrice, de fort belle complexion, qui était de Catane et qui le nourrissait à merveille; et sans compter cette nourrice, je m'en procurai deux autres que j'embarquai sur la nef, et elles devaient donner tous les jours à téter à leurs enfans jusqu'à ce que nous eussions besoin d'elles. Je disposai ainsi mon passage et j'armai fort bien ma nef, et y plaçai cent vingt hommes d'armes, gens de parage et autres, et pris enfin tout ce qui était nécessaire à la subsistance et à la défense. Au moment où je venais d'appareiller ainsi ma nef à Messine, voici qu'arrive de Clarentza une barque armée, que le seigneur infant envoyait au roi de Sicile pour lui faire savoir la grâce que Dieu lui avait faite (la prise de Clarentza), et il me communiquait aussi cette nouvelle avec de grands détails, afin que j'en pusse faire part au seigneur roi de Majorque, à madame la reine et à ses amis. Il m'adressait aussi des lettres que je devais remettre à madame la reine sa mère et au seigneur roi de Majorque, et il me faisait dire qu'il me priait de hâter mon départ de Sicile. Assurément j'avais dépéché déjà tous mes préparatifs de départ, mais je les dépéchai encore avec bien plus de joie quand j'eus appris ces bonnes nouvelles. J'ordonnai à la nef de faire voile de Messine et de se rendre à Catane; moi-même je me rendis par terre à Catane, et la nef y arriva peu de jours après moi. Là je fis embarquer tout mon monde.

« Au moment où je voulus faire embarquer le seigneur infant, En Othe de Monells, qui l'avait eu jusque-là sous garde et qui me l'amena, avait pris soin d'avance de rassembler tout ce qu'il avait pu trouver de chevaliers catalans, aragonais et latins et tous les notables citoyens, et en présence de tous il dit : « Seigneurs, reconnaissez-vous que cet

« enfant soit l'infant En Jacques, fils du seigneur infant En Fernand
« et de feue madame Isabelle sa femme? » Ils répondirent tous : « Oui,
« bien assurément! et nous avons tous assisté à son baptême, puis nous
« l'avons vu et connu, et nous déclarons comme chose certaine que
« cet infant-ci est l'infant En Jacques. » Sur cela, ledit En Othe en fit
rédiger une charte publique. Puis il leur répéta absolument les mêmes
paroles, auxquelles ils firent absolument la même réponse; et il en fit
dresser une nouvelle charte. Enfin il leur fit la même demande une
troisième fois, et ils firent une troisième fois la même réponse, et il en
fit dresser une troisième charte. Puis, cela fait, il me remit l'infant en
mains et dans mes bras, et voulut avoir de moi une nouvelle charte,
spécifiant : comme quoi je le tenais quitte et libre du serment et hommage
qu'il m'avait fait, et comme quoi je convenais avoir reçu ledit enfant.
Tout ceci étant terminé, je pris le seigneur infant dans mes bras et
l'emportai hors de la ville, suivi de plus de deux mille personnes, et
je le déposai dans la nef, et tous le signèrent et le bénirent

« Ce même jour il arriva à Catane un huissier du seigneur roi Frédéric, qui apportait de sa part deux paires d'habits de drap d'or, avec
divers présens pour le seigneur infant En Jacques.

« Nous fîmes voile de Catane le premier jour d'août de l'an mil trois
cent quinze. Arrivé à Trapani, je reçus des lettres par lesquelles on
m'avertissait de me bien garder de quatre galères armées qu'on avait
envoyées contre moi pour m'enlever cet enfant, car ils comptaient que
s'ils pouvaient s'en emparer, ils recouvreraient par ce moyen la cité de
Clarentza.

« Aussitôt que je fus informé de ces projets, je renforçai encore ma
nef et y mis meilleur armement et un plus grand nombre de gens.
Et je puis vous assurer que, pendant quatre-vingt-onze jours entiers,
ni moi ni aucune des femmes qui étaient sur le navire nous ne mîmes
le pied à terre; et cependant nous restâmes bien vingt-deux jours en
station à l'île Saint-Pierre. Et là se réunirent à nous vingt-quatre nefs,
soit de Catalans soit de Génois; et nous partîmes tous ensemble de
cette île, car tous faisaient route au ponent. Nous éprouvâmes un tel
fortunal que sept de ces nefs périrent et que nous et tous les autres
nous fûmes en grand danger. Toutefois il plut à Dieu que, le jour de la
Toussaint, nous prissions terre à Salou. La mer n'avait jamais incom-

modé, pendant toute cette traversée ni le seigneur infant ni moi-même ; et il n'était jamais sorti de mes bras tant qu'avait duré ce coup de vent, ni de nuit ni de jour. Et j'étais bien obligé de le prendre dans mes bras, attendu que sa nourrice ne pouvait se tenir assise , car elle éprouvait violemment le mal de mer ; et il en était de même des autres femmes qui ne pouvaient rester debout ni marcher.

« Quand nous fûmes à Salou, l'archevêque de Tarragone , nommé monseigneur En Pierre de Rocaberti, nous envoya autant de montures que nous en avions besoin ; et on nous donna pour logement l'hôtel d'En Guanesch ; puis à petites journées nous nous rendîmes à Barcelonne. Là nous trouvâmes le seigneur roi d'Aragon, qui fit un très-gracieux accueil au seigneur infant ; et il voulut le voir, et il le baisa et le bénit. Nous partîmes avec la pluie et le vent, et par un fort mauvais temps. J'avais fait faire une litière sur laquelle étaient placés l'infant et sa nourrice ; cette litière était couverte d'un drap enduit de cire , et par-dessus était une étoffe de velours rouge ; et vingt hommes , à l'aide de lisières, la portaient à leur cou. Nous fûmes, pour aller de Tarragone à Perpignan, vingt-quatre bons jours. Avant d'y arriver, nous trouvâmes frère Raymond Saguardia avec dix chevaucheurs que madame la reine de Majorque nous avait envoyés pour accompagner le seigneur infant, dont nous ne nous séparâmes jamais, et quatre huissiers de la maison du seigneur roi de Majorque, qui se tinrent avec nous jusqu'à ce que nous fussions arrivés à Perpignan. Et au Boulou , quand nous fûmes près de passer l'eau du ravin, tous les gens du Boulou sortirent de chez eux ; et les plus notables prirent la litière à leur cou et firent passer ainsi le ruisseau au seigneur infant. Cette nuit même les consuls et un grand nombre de prud'hommes de Perpignan, et tout ce qui se trouvait de chevaliers dans cette ville, vinrent au-devant de nous ; et il y en aurait eu bien plus encore si le seigneur roi de Majorque n'eût pas été en France à ce moment. Nous fîmes ainsi notre entrée à travers la ville de Perpignan, au milieu de grands honneurs qu'on nous rendait, et nous nous dirigeâmes vers le château où se trouvait madame la reine, mère du seigneur infant En Fernand, et madame la reine, mère du seigneur roi de Majorque ; et toutes deux, quand elles virent que nous montions au château, descendirent à la chapelle. Et quand nous fûmes parvenus à la porte du château, je pris entre mes bras le seigneur

infant, et là, plein d'une véritable joie, je le portai devant les reines,
qui étaient assises ensemble. Que Dieu nous accorde autant de joie
qu'en éprouva madame la bonne reine quand elle le vit si bien portant
et si gracieux, avec sa petite figure riante et belle, vêtu d'un manteau
à la catalane et d'un paletot de drap d'or, et la tête couverte d'un
beau petit batut du même drap. Lorsque je fus auprès des reines, je
m'agenouillai et leur baisai les mains, et fis baiser par le seigneur infant
la main de la bonne reine son aïeule. Et quand il lui eut baisé la main,
elle voulut le prendre dans ses bras; mais je lui dis : « Madame, sous
« votre bonne grâce et merci, ne m'en sachez pas mauvais gré; mais
« jusqu'à ce que je me sois allégé de la charge que j'ai acceptée, vous
« ne le tiendrez pas. » La reine sourit et me dit qu'elle le trouvait bon.
Alors je lui dis : « Madame, y a-t-il ici le lieutenant du seigneur roi? »
Elle me répondit : « Oui, seigneur, le voici! » Et elle le fit avancer. Et
le lieutenant du seigneur roi était à cette époque En Huguet de Totzo.
Je demandai ensuite s'il s'y trouvait également le bailli, le viguier et
les consuls de la ville de Perpignan, qui tous devaient aussi être présens.
Puis je demandai un notaire public, et il s'y trouva. Il y avait de plus
un grand nombre de chevaliers et tout ce qui se trouvait alors d'hommes notables à Perpignan. Et quand tous furent présens, je fis venir
les dames, puis les nourrices, puis les chevaliers, puis les fils de chevaliers, puis la nourrice de monseigneur En Fernand; et en présence
des dames reines, je leur demandai trois fois : « Cet enfant que je tiens
« dans mes bras, le reconnaissez-vous bien tous pour l'infant En Jacques,
« premier né du seigneur infant En Fernand de Majorque et fils de ma-
« dame Isabelle sa femme? » Et tous répondirent qu'oui. Je répétai la
même demande trois fois; et chaque fois ils me répondirent qu'oui, et
qu'il était certainement bien celui que je disais. Après avoir prononcé
ces paroles, j'ordonnai au notaire de m'en dresser une charte publique.
Après quoi je dis à madame la reine mère du seigneur infant En Fernand : « Madame, croyez-vous que ce soit là l'infant En Jacques, fils de
« l'infant En Fernand votre fils, qu'il a eu de madame Isabelle sa femme?
« —Oui, seigneur, » dit-elle. Et trois fois aussi, en présence de tous, je
lui fis la même demande; et trois fois elle me répondit qu'oui, et qu'elle
le savait fort bien; et elle ajouta : « Oui, certainement, c'est bien là mon
« cher petit-fils, et comme tel je le reçois. » De toutes ces paroles je fis

dresser également chartes publiques authentiques, avec le témoignage de tous ceux devant dits; et j'ajoutai alors : « Madame, en votre nom et « au nom du seigneur infant En Fernand, déclarez-vous ici me tenir pour « bon et loyal, et pour entièrement quitte et dégagé de cette charge et « de tout ce à quoi j'en étais tenu envers vous et envers le seigneur En » Fernand votre fils? » Elle me répondit : « Oui, seigneur. » Je lui fis aussi la même demande par trois fois; et chaque fois elle me répondit qu'elle me tenait pour bon et loyal et quitte, et qu'elle me déchargeait de tout ce à quoi j'étais tenu envers elle et envers son fils. Et de cette déclaration je fis également dresser une charte publique. Tout cela ainsi terminé, je lui livrai à la bonne heure ledit seigneur infant. Elle le prit et le baisa plus de dix fois, et puis madame la reine-jeune le baisa aussi plus de dix fois. Après quoi madame la reine-mère le prit et le confia à madame Pierrine, qui était auprès d'elle. Ainsi partimes-nous du château, et je m'en allai du château au logement où je devais demeurer, c'est-à-dire à la maison d'En Pierre, bailli de la ville de Perpignan. Tout cela eut lieu dans la matinée. Après mon repas, je retournai au château et remis les lettres dont m'avait chargé le seigneur infant En Fernand à madame la reine sa mère, et aussi celles que j'apportais pour le seigneur roi de Majorque, et m'acquittai du message qui m'avait été recommandé. Que vous dirai-je? Durant quinze jours je restai à Perpignan, et chaque jour j'allai voir deux fois le seigneur infant; et j'eus tant de peine à me séparer de lui que je ne savais que devenir; et j'y serais resté bien davantage si ce n'eût été de la fête de Noël qui arrivait. Je pris donc congé de madame la reine-mère, de madame la reine-jeune, du seigneur infant et de toutes les personnes de la cour; je payai tous ceux qui m'avaient suivi, et ramenai madame Agnès d'Adri dans son pays et en son hôtel près de Banyols; et madame la reine se tint très-satisfaite de moi et de tous les autres. Je m'en vins de là à Valence, où était mon hôtel, et j'y arrivai trois jours avant Noël, sain, joyeux et dispos, grâces à Dieu. »

XIVᵉ SIÈCLE.

Avec le XIIIᵉ siècle finissent les grandes expéditions des croisades. L'esprit religieux avait insensiblement perdu de sa ferveur, et depuis le règne de saint Louis, les masses, trouvant plus de sécurité à l'intérieur, étaient moins impatientes de se précipiter au dehors. Le commerce avait enrichi les villes de Flandre; les communes, plus libres, commençaient à recueillir les fruits d'un meilleur ordre social; les relations entre toutes les provinces et entre toutes les classes d'hommes étaient plus fréquentes; la langue et les arts se perfectionnaient avec rapidité. Mais à peine la France commençait-elle à jouir de ce bien-être qu'une querelle de succession vint nous apporter un siècle de guerre.

Les trois enfans de Philippe-le-Bel, après s'être succédé sur le trône de France, s'étaient éteints sans postérité, et, ainsi qu'on vit plus tard, après les trois fils d'Henri II de Valois, le trône retourner aux Bourbons, et après les trois petits-fils de Louis XV, le trône passer aux Bourbons d'Orléans, il fallut chercher un héritier à la couronne parmi les descendans du frère de Philippe-le-Bel, ce même Charles de Valois qu'on a vu, dans le siècle précédent, tour à tour roi titulaire d'Aragon et de Sicile, puis sur le point d'être empereur d'Allemagne, puis empereur titulaire de Constantinople, sans être en effet, comme le dit Muntaner, roi que du vent. Le trône qu'il ne put obtenir pour lui était réservé à son fils Philippe de Valois, qui, à la mort du dernier des enfans de Philippe-le-Bel, en 1328, se fit couronner roi de France, comme le plus prochain héritier par les mâles. Quelques prétentions furent dès ce premier moment mises en avant, mais avec hésitation et sans suite immédiate, par Édouard III, fils d'Isabelle fille de Philippe-le-Bel, et qui voulait faire reconnaître en lui la transmission d'un droit qui, d'après la loi salique, n'avait pu être délégué par sa mère, puis qu'elle ne le possédait pas. Édouard parut toutefois reconnaître l'illégitimité de ses prétentions et vint en personne prêter hommage à

Philippe de Valois pour son duché de Guyenne. Dix ans se passèrent ainsi sans réclamation d'Édouard , mais non sans dépit. Robert d'Artois, banni de France pour fabrication de faux actes, cherchait incessamment à faire éclater ce dépit par des actes d'inimitié contre la France et n'avait pu y réussir, lorsqu'un événement inattendu alluma cette guerre désastreuse qui se prolongea pendant plus d'un siècle.

Le port de Calais servait de réceptacle à des pirates français et espagnols , qui portaient un grand détriment au commerce anglais. Édouard, ne se sentant pas assez fort pour tenir la mer , mit embargo sur les bâtimens anglais et leur défendit de sortir des ports d'Angleterre. C'était surtout en Angleterre alors que les villes opulentes et manufacturières de la Flandre s'approvisionnaient de la laine nécessaire à leurs fabriques de draps. L'embargo mis par Édouard sur les ports anglais priva les manufactures flamandes de la laine nécessaire , et les ouvriers flamands se trouvèrent sans ouvrage. De là de grands mécontentemens dans toute la Flandre. Les Flamands vont trouver leur comte , allié du roi de France, et le supplient de faire un traité pour les laines avec le roi d'Angleterre; mais si le peuple de Flandre avait des intérêts communs avec le peuple d'Angleterre , la noblesse et surtout le souverain de Flandre avaient des sympathies communes avec la noblesse et avec le souverain de France ; situation tout à fait opposée à ce qui se passait en Bretagne. Le comte de Flandre refusa donc d'adhérer aux demandes de ses peuples , leur objectant que le roi d'Angleterre ayant un aussi grand besoin de vendre ses laines qu'eux pourraient l'avoir d'en acheter, il ne pouvait longtemps tarder à ouvrir ses ports, et que, pour une gêne de courte durée, il fallait bien se garder de compromettre l'ancienne alliance avec la France, qui leur donnait des blés, et avec le roi de France, dont lui il était le parent. Cependant la misère augmentant en Flandre et le roi d'Angleterre tenant bon , les trois villes les plus opulentes de Flandre se révoltent; le comte est obligé de se réfugier en France ; et le célèbre Jacques d'Artevelle devient le chef de la ligue populaire. A peine a-t-il assuré son autorité qu'il part pour Londres et obtient d'Édouard III la réouverture de ses ports et un traité qui pourvoit à l'approvisionnement des laines destinées aux manufactures de son pays. La guerre avec la France fut la condition de ce traité. Jacques d'Artevelle, trouvant l'esprit d'Édouard déjà préparé

par les insinuations haineuses de Robert d'Artois, n'eut pas de peine
à faire resurgir ses prétentions. Il l'engagea à se faire nommer vicaire
de l'empire d'Allemagne, afin de pouvoir s'assurer l'assistance des
comtes et barons de l'empire possessionnés en France; et comme les
villes de Flandre s'étaient engagées par une amende considérable
auprès du pape à ne pas faire la guerre au roi de France, il le dé-
termina aussi, comme moyen de s'assurer l'appui des villes de Flandre
sans les exposer au paiement de l'amende, à prendre dès cet instant le
titre et les armes de roi de France. Édouard était jeune et ambitieux,
il avait été humilié par Philippe de Valois, et la guerre fut déclarée. Les
premières campagnes d'Édouard en Flandre, en Bretagne, en Guyenne,
ne lui furent pas favorables : c'était un autre Français, Geoffroi d'Har-
court, auquel était destiné l'accomplissement de l'œuvre de trahison commencée par Robert d'Artois. Geoffroi, banni de France pour avoir mis
l'épée à la main devant le roi, ne rentra dans son pays que pour ouvrir
la Normandie aux Anglais et leur frayer une voie sûre dans un pays qu'il
savait dénué de troupes. Le désastre de Crécy fut l'avant-coureur du
désastre de Poitiers, et nos plus belles provinces furent livrées aux
Anglais en même temps que le désordre et la misère anéantissaient
toutes les autres. L'Angleterre avait été féconde en héros : Édouard Ier, le
prince Noir, Chandos, avaient répandu au loin la gloire du nom anglais;
et de sa ville de Bordeaux, le prince Noir tenait en crainte le Portugal
et l'Espagne. La France allait avoir son tour. A côté du trône du sage
Charles V allait se placer l'épée du brave Du Guesclin, et la valeur dis-
ciplinée allait réparer les désastres causés par la fougue de la témérité.
Les routiers étaient anéantis à Cocherel; les incursions anglaises étaient
réprimées partout; l'œuvre de violence du prince Noir, qui avait
replacé Pierre-le-Cruel sur le trône de Castille, était détruite par l'assistance donnée par Du Guesclin au bâtard Henri de Transtamare; la démocratie était anéantie avec Philippe d'Artevelle à Rosebecque. La France
commençait à ressaisir son influence et son activité au dedans comme au
dehors, quand la mort de Charles V, suivie de la folie de Charles VI et
des querelles intestines de sa famille, replongèrent notre patrie dans
une nouvelle série de maux, dont nous ne la verrons sortir que vers
la moitié du siècle suivant par l'assistance de la pure et noble Jeanne
d'Arc.

Ces grands événemens nationaux ont trouvé un peintre digne de les représenter. Jean Froissart, né avec ces faits, contemporain et commensal de ces héros, a senti sa verve s'éveiller au spectacle de tant de grandes choses. Le quatorzième siècle tout entier lui appartient et semble n'appartenir qu'à lui, tant son esprit paraît se confondre avec l'esprit de son siècle. A une époque où les provinces changeaient à chaque instant de maître et où la puissance du vassal rendait presque nominale la puissance du suzerain, il ne faut pas s'attendre à trouver dans Froissart cet attachement ardent à la patrie française, à laquelle, par sa naissance en Hainaut, il semblait ne pas appartenir exclusivement; mais au défaut de ce sentiment, si haut qu'il suffit à lui seul pour donner de la puissance à tout ce qu'il anime, Froissart possède un grand nombre d'autres précieux avantages. Son jugement est net, son esprit est impartial, son imagination est toute poétique, sa conscience d'historien ne recule devant aucun travail, et un style toujours clair et facile fait passer dans l'esprit du lecteur toutes les émotions de l'écrivain. Dans quel autre historien trouverait-on une peinture aussi vivante des mœurs de l'époque que dans ce court épisode, par exemple, qui précède le récit de la bataille de Poitiers?

« Entrementes [1] que le cardinal de Pierregort portoit les paroles et chevauchoit de l'un à l'autre roi en nom de bien, et que le respit duroit, estoient aucuns jeunes chevaliers bacheleureux et amoureux, tant de la partie des François comme des Anglois, qui chevauchoient le jour en costiant les batailles, les François pour aviser et imaginer le convenant des Anglois, et les chevaliers d'Angleterre celui des François, ainsi que en tels besognes telles choses adviennent. Donc il avint que messire Jean Chandos, qui estoit preux chevalier, gentil et noble de cœur, et de sens imaginatif, avoit ce jour chevauché et costié sur aile durement la bataille du roi de France et avoit pris grand plaisance au regarder, pourtant qu'il y véoit si grand'foison de nobles chevaliers friquement armés et appareillés; et disoit et devisoit en soi-mesme : « Ne « plaise jà à Dieu que nous partions sans combattre ! car si nous sommes « pris ou des-confits de si belles gens d'armes, et de si grand'foison comme « j'en vois contre nous, nous n'y devrons avoir point de blasme; et si la

---

[1] Tome Ier, page 344 de mon édit.

« journée estoit pour nous et que fortune le veuille consentir, nous
« serons les plus honorés gens du monde. » Tout en telle manière que
messire Jean Chandos avoit chevauché et considéré une partie du
convenant des François, en estoit avenu à l'un des mareschaux de
France, Jean de Clermont; et tant chevauchèrent ces deux chevaliers
qu'ils se trouvèrent et encontrèrent d'aventure. Et là eut grosses paroles
et reproches moult félonnesses entre eux; je vous dirai pourquoi. Ces
deux chevaliers, qui estoient jeunes et amoureux, on le peut et doit-on
ainsi entendre, portoient chascun une mesme devise d'une bleue dame,
ouvrée de bordure, au ray d'un soleil d'or, sur le senestre bras; et toujours estoit sur leurs plus hauts vestemens, en quelque estat qu'ils fussent.
Si ne plut mie adonc à messire Jean de Clermont ce qu'il vit porter sa
devise à messire Jean Chandos; et s'arresta tout coi devant lui, et lui dit :
« Chandos, aussi vous désirois-je à voir et à encontrer. Depuis quand
« avez-vous empris à porter ma devise? — Et vous la mienne? ce res-
« pondit messire Jean Chandos, car autant bien est-elle mienne comme
« vostre. — Je vous le nie, dit messire Jean de Clermont; et si la souf-
« france ne fust entre les nostres et les vostres je le vous monstrasse
« tantost que vous n'avez nulle cause de la porter. — Ha! ce respondit
« messire Jean Chandos, demain au matin vous me trouverez tout
« apareillé du défendre, et de prouver par fait d'armes que aussi bien
« est-elle mienne comme vostre. » A ces mots ils passèrent oultre. Et
dit encore messire Jean de Clermont, en ramposnant plus avant messire
Jean Chandos : « Chandos! Chandos! ce sont bien là des prouesses de
« vous Anglois, qui ne savent aviser rien de nouvel, mais quant qu'il
« voient leur est bel. »

Jean Chandos est le héros de prédilection de Froissart. Le récit de sa
mort est certainement un des morceaux les plus touchans de ses
chroniques.

« Ainsi que ces François et Bretons, dit-il [1], estudioient et imagi-
noient comment et par quel tour, à leur plus grand avantage, les
Anglois envahir et assaillir ils pourroient, voici monseigneur Jean
Chandos et sa route, bannière déployée, tout ventilant, qui estoit
d'argent à un pel aguisé de gueules, laquelle Jacques Alery, un bon

---

[1] Tome Ier, page 600 et suivantes.   I

homme d'armes, portoit; et pouvoient estre environ quarante lances, qui approchèrent durement les François. Et ainsi que les Anglois estoient sur un tertre, espoir trois bonniers de terre en sus du pont, les garçons des François qui les aperçurent et qui se tenoient entre le pont et le dit tertre, furent tout effrayés et dirent : « Allons, allons-nous-en, « voici Chandos! sauvons-nous et nos chevaux. » Si s'en partirent et fuirent, et laissèrent là leurs maistres. Quand messire Jean Chandos fut là venu jusques à eux, sa bannière devant lui, si n'en fit pas trop grand compte, car petit les prisoit et aimoit; et tout à cheval les commença à ramposner en disant : « Entre vous, François, vous estes trop « malement bonnes gens d'armes! vous chevauchez à vostre aise et à « vostre volonté de jour et de nuit; vous prenez villes et forteresses en « Poitou, dont je suis séneschal; vous rançonnez povres gens sans mon « congé; vous chevauchez partout à tête armée; il semble que le pays « soit tout vostre; et par Dieu, non est. Messire Louis, messire Louis, « et vous Kerlouet, vous estes maintenant trop grands maistres. Il y a « plus d'un an et demi que j'ai mis toutes mes ententes que je vous « puisse trouver ou encontrer. Or vous vois-je, Dieu merci! et parle- « rons à vous, et saurons lequel est plus fort en ce pays, ou je, ou « vous. On m'a dit et conté par plusieurs fois que vous me désiriez à « voir; si m'avez trouvé. Je suis Jean Chandos, si bien me ravisez. « Vos grands appertises d'armes qui sont maintenant si renommées, « si Dieu plaist, nous les éprouverons. »

« Entre les ramposnés et paroles de messire Jean Chandos qu'il faisoit et disoit aux François, un Breton prit son glaive et ne se put abstenir de commencer la meslée; et vint asséner à un escuyer anglois, qui s'appeloit Simpkins Dugdale, et lui arresta son glaive en la poitrine. Et tant le bouta et tira que le dit escuyer il mit jus de sus son cheval à terre. Messire Jean Chandos, qui ouït effroi derrière lui, se retourna sur son costé et vit gésir son escuyer à terre, et que on féroit sur lui. Si s'eschauffa en parlant plus que devant, et dit à ses compagnons et à ses gens : « Comment! lairez-vous ainsi cest homme tuer! A pied! à « pied! » Tantôt il saillit à pied; ainsi firent tous les siens, et fut Simpkins rescous; voici la bataille commencée. Messire Jean Chandos, qui estoit grand chevalier, fort et hardi, et conforté en toutes ses besognes, sa bannière devant lui, environné des siens et vestu dessus ses armures d'un grand vestement qui lui battoit jusques à terre, armoyé de son armoierie, d'un blanc samit, à deux pals aiguisés de gueules, l'un devant et l'autre derriere, et bien sembloit suffisant homme et entreprenant. En cet estat, pied avant autre, le glaive au poing, s'en vint sur ses ennemis. Or faisoit à ce matin un petit reselet. Si estoit la voie mouillée. Si que, en passant, il s'entortilla en son parement qui estoit sur le plus long, tant que un petit il trebucha. Et veci un coup qui vint sur lui, lancé d'un escuyer qui s'appeloit Jacques de Saint-Martin, qui estoit fort homme et appert durement. Et fut le coup d'un glaive qui le prit en chair et s'arresta dessous l'œil, entre le nez et le front. Et ne vit point messire Jean Chandos le coup venir sur lui de ce lez là, car il avoit l'œil esteint; et avoit bien cinq ans qu'il l'avoit perdu ès landes de Bordeaux en chassant un cerf. Avec tout ce meschef, messire Jean Chandos ne porta oncques point de visiere. Si que en trebuchant, il s'appuya sur le coup qui estoit lancé de bras roide. Si lui entra le fer là dedans qui s'encousit jusques au cervel; et puis retira cil son glaive à lui. Messire Jean Chandos, pour la douleur qu'il sentit, ne se put tenir en estant; mais chéit à terre et tourna deux tours moult douloureusement, ainsi que cil qui estoit feru à mort; car oncques depuis le coup ne parla.

« Or furent trop durement dolens et desconfortés ces barons et ces chevaliers de Poitou, quand ils virent là leur seneschal monseigneur Jean Chandos gesir en tel estat et qu'il ne pouvoit parler. Si commencerent à regretter et à doulorer moult amerement en disant : « Gentil « chevalier, fleur de toute honneur, messire Jean Chandos, à mal fut le « glaive forgé dont vous estes navré et mis en peril de mort ! » Là pleuroient moult tendrement ceux qui là estoient. Bien les entendoit et se complaignoit, mais nul mot ne pouvoit parler. Là tordoient les mains et tiroient leurs cheveux et jetoient grands cris et grands plaints par especial les chevaliers et les escuyers de son hostel. Là fut le dit messire Jean Chandos de ses gens desarmé moult doucement et couché sur targe et sur pavais, et amené et apporté tout le pas à Mortemer, la plus prochaine forteresse de là... Le gentil chevalier ne vesqui de cette maniere que un jour et une nuit, et mourut. Dieu en ait l'ame par sa debonnaireté, car oncques depuis cent ans ne fut plus courtois ni plus plein de toutes bonnes et nobles vertus et conditions entre les

Anglois de lui. Quand le prince de Galles, la princesse, le comte de Cambridge, le comte de Pembroke et les barons et chevali ersd'Angleterre qui estoient en Guyenne, sceurent la mort du dessus dit, si furent durement courroucés et desconfortés, et dirent bien qu'ils avoient trop perdu partout, de çà et de là la mer. De ses amis et amies fut plaint et regretté monseigneur Jean Chandos; mais le roi de France et les seigneurs de France l'orent tantost pleuré. Ainsi aviennent les besognes : les Anglois l'aimoient pour ce qu'en lui estoient toutes hautaines emprises; les François le hayoient pour ce qu'ils le ressoingnoient. Si l'ouis-je bien en ce temps plaindre et regretter des bons chevaliers et vaillans de France. Et disoient ainsi : que de lui c'estoit grand dommage, et mieux vaulsist qu'il eust esté pris que mort; car s'il eust esté pris, il estoit si sage et si imaginatif qu'il eust trouvé aucun moyen par quoi paix eust esté entre France et Angleterre; et si estoit tant aimé du roi d'Angleterre et de ses enfans qu'ils l'eussent cru plus que tout le monde. Si perdirent François et Anglois moult à sa mort; ni oncques je n'en ouis dire autre chose: et plus les Anglois que les François, car par lui en Guyenne eussent esté faites toutes recouvrances. »

A côté de ce grand drame d'une guerre obstinée entre les deux nations de France et d'Angleterre se déroule dans les Chroniques de Froissart un autre drame non moins intéressant à suivre et à étudier : c'est celui de la guerre entre les diverses classes d'hommes dans chaque pays. Partout dans ce siècle, on voit, pour ainsi dire, comme à un seul signal, et presque toujours à la voix des moines, les classes populaires chercher à s'affranchir, et les désordres même de la guerre semblent donner une nouvelle chance de succès à leur résistance, par l'affaiblissement de toute activité; mais partout la démocratie succombe pour ne se relever que plusieurs siècles après ; et cette fois, non en égale, mais en souveraine. En Angleterre, Wat-Tyler et Jean Ball soulèvent les masses populaires en 1381 et succombent. Froissart a exposé fort au vrai les motifs de cette insurrection anglaise, si semblable aux motifs qui amenèrent toutes les autres que l'exposition de l'une suffira pour toutes :

« Un usage est en Angleterre, dit-il [1], et aussi est-il en plusieurs pays,

<hr>

[1] Livre II, page 150 de mon édition du *Pan- | théon littéraire.*

que les nobles ont grands franchises sur leurs hommes et les tiennent
en servage; c'est à entendre: qu'ils doivent de droit et par coustume labourer les terres des gentilshommes, cueillir les grains et amener à l'hostel, mettre en la grange, battre et vanner, et par servage les foings
fener et mettre à l'hostel, la buche couper et mener à l'hostel, et toutes
telles corvées; et doivent iceux hommes tout ce faire par servage aux
seigneurs. Et trop plus grand'foison a de tels gens en Angleterre que
ailleurs; et en doivent les prelats et gentilshommes estre servis. Et par
especial en la comté de Kent, d'Essex, de Sussex, et de Bedford en y
a plus que en tout le demeurant de toute Angleterre. Ces mechans
gens, dedans les contrées que j'ai nommées, se commencerent à ele-
ver, pour ce qu'ils disoient que on les tenoit en trop grand'servitude,
et que au commencement du monde n'avoient esté nuls serfs, ni nul
n'en pouvoit estre si ils ne faisoient trahison à leurs seigneurs, ainsi
comme Lucifer fit envers Dieu; mais ils n'avoient pas ceste taille;
car ils n'estoient ni angels ni esprits, mais hommes formés à la sem-
blance de leur seigneur; et on les tenoit comme bestes; la quelle chose
ils ne vouloient plus souffrir, mais vouloient estre tout un, et si ils
labouroient ou faisoient aucun labourage pour leurs seigneurs, ils en
vouloient avoir leur salaire. En ces machinations les avoit du temps
passé grandement mis et bouté un fol prestre de la comté de Kent qui
s'appeloit Jean Balle; et par ses folles paroles, il en avoit geu en prison devers l'archevesque de Cantorberie par trop de fois, car cil Jean
Balle avoit eu d'usage que, les jours de dimanche, après la messe, quand
toutes gens issent du moustier, il s'en venoit au cloistre, au cimetiere,
et là preschoit et faisoit le peuple assembler autour de lui, et leur disoit : « Bonnes gens, les choses ne peuvent bien aller en Angleterre ni
« ne iront, jusques à tant que les biens iront de commun, et qu'il ne
« sera ni vilains ni gentilshommes, et que nous ne soyons tous unis.
« A quoi faire sont cils que nous nommons seigneurs plus grands mais-
« tres que nous? A quoi l'ont ils desservi? Pourquoi nous tiennent ils
« en servage? Et si nous venons tous d'un pere et d'une mere, Adam
« et Ève, en quoi peuvent ils dire ni monstrer que ils sont mieux sei-
« gneurs que nous, fors parce qu'ils nous font gagner et labourer ce
« qu'ils dependent? Ils sont vestus de velours et de camocas, fourrés
« de vairs et de gris, et nous sommes vestus de povres draps; ils ont

« les vins et les espices et les bons pains, et nous avons le segle, le re-
« trait et la paille, et buvons de l'eau ; ils ont le sejour et les beaux ma-
« noirs, et nous avons la peine et le travail, la pluie et le vent aux
« champs. Et faut que de nous vienne, et de nostre labour, ce dont ils
« tiennent les estats ! Nous sommes appelés serfs et battus si nous ne
« faisons presentement leur service. Et si n'avons souverain à qui nous
« nous puissions plaindre ni qui nous en voulsist ouïr ou droit faire,
« allons au roi, il est jeune, et lui remonstrons nostre servitude, et lui
« dirons que nous voulons qu'il soit autrement, ou nous y pourvoi-
« rons de remede. Si nous y allons de fait et tous ensemble, toute ma-
« niere de gens qui sont nommés serfs et tenus en servitude, pour
« estre affranchis, nous suivront. Et quand le roi nous verra et orra,
« ou bellement ou autrement, de remede il y pourvoira. » Ainsi disoit
Jean Balle, et paroles semblables, les dimanches par usage à l'issir
hors des messes aux villages ; de quoi trop de menues gens le louoient.
Les aucuns, qui ne tendoient à nul bien, disoient : « Il dit voir ! » Et
murmuroient et recordoient l'un à l'autre aux champs ou allant leur
chemin ensemble de village à autre, ou en leurs maisons : « Telles choses
« dit Jean Balle, et si dit voir [1]. »

En France, les Jacques, tombés en 1358 sous l'épée des chevaliers
à la tête desquels se distingua Gaston Phébus, comte de Foix [2],
avaient cherché à se relever en 1382, mais ils avaient été entraînés
dans la ruine de la démocratie flamande. En Flandre, la lutte fut
plus longue et plus difficile ; mais la bataille de Rosebecque assura encore une fois la prépondérance de la noblesse. En Espagne, la lutte se
dérobe aux recherches par ses formes différentes ; mais Pierre, dit le
Cruel, semble être l'homme populaire de cette époque, et Henri de
Transtamare, quoique bâtard, le représentant des anciennes idées. Ce

---

[1] Le refrain suivant courait par toute l'Angleterre :

> When Adam delv'd and Eve span
> Where was then the gentleman ?
> « Quand Adam labourait et qu'Ève filait
> « Où était alors le gentilhomme ? »

[2] « Aucunes gens des villes champestres, dit Froissart, sans chef s'assemblerent en Beauvoisin et
dirent que tous les nobles du royaume de
France, chevaliers et escuyers, honnissoient et
trahissoient le royaume, et que ce seroit grand
bien qui tous les detruiroit. Et chascun d'eux dit :
« Il dit voir ! il dit voir ! Honni soit celui par qui
« il demeurera que tous les gentilshommes ne
« soient detruits ! » Lors se assemblerent et s'en allerent sans autre conseil et sans nulles armures
forsque de bâtons ferrés et de cousteaux. » (Livre I,
p. 376 de mon édit. du *Panthéon lit.*)

dernier épisode de nos guerres, déjà traité avec une grande vérité par Froissart, fait aussi le sujet d'une autre chronique contemporaine , écrite avec beaucoup de grâce et de naïveté , la chronique anonyme de Du Guesclin en prose.

Une autre chronique de la même époque, celle de Boucicaut donne quelques développemens de plus à un autre sujet traité aussi par Froissart, la bataille de Nicopolis, livrée par le roi de Hongrie à Bajazet, bataille à laquelle prirent une part glorieuse bien que malheureuse, Jean de Nevers, depuis duc de Bourgogne, Boucicaut, Coucy et tant d'autres chevaliers français dont l'esprit aventureux allait partout cherchant des dangers, quelquefois pour le plaisir seul du danger.

Ces trois chroniques, qui complètent en quelque sorte celle de Froissart, forment un véritable corps d'histoire du quatorzième siècle, non-seulement pour les grands événemens de France , mais aussi pour les grands événemens d'Angleterre, de Flandre, de Portugal, d'Italie et d'Espagne, qui n'étaient souvent qu'un contre-coup de ce qui se passait en France.

XVe SIÉCLE.

La première moitié de ce siècle, qui compte presqu'à son début le désastre d'Azincourt, est l'époque du plus grand abaissement de la France. Un roi tombé en enfance, gouverné par une marâtre étrangère, Isabeau de Bavière, et excité par l'esprit de vengeance d'un fils, Philippe de Bourgogne, qu'irritait l'assassinat de son père, avait dépouillé son fils le dauphin de la couronne de France, pour la placer sur la tête d'un souverain anglais. Henri V d'Angleterre n'avait pas attendu la mort de son père d'adoption pour prendre possession du gouvernement, et il régnait à Paris à côté du roi de France oublié. Un grand historien français que j'ai retiré de la poussière dans laquelle il gisait méconnu, Georges Chatellain, « qu'un noble et vertueux ventre répandit en main de matronne, » a décrit d'une manière touchante et solennelle cette déplorable situation du vieux roi de France, qui s'éteignait dans l'oubli à côté du jeune roi anglais grandi par tant de victoires et distingué aussi par ses rares qualités.

La première entrevue entre le vieux roi fou, qui dépossède son héritier et abdique sa propre dignité en faveur d'un étranger et d'un ennemi, est décrite par Chastellain sur un ton tout à fait pathétique.

« Le roy Charles, dit Chastellain [1], estoit assis en dos couvert de fleurs de lis. Rembellissoit son trosne doré toute la salle pleine merveilleusement de seigneurs; et le roy anglois, mettant son pied en l'huys où estoit assis le roy tout au bout de la salle, osta son chappeau; et marchant diligemment oultre, pour venir jusques au dos, sans que le roy Charles se levast oncques, assez vint près de luy; et lors le roy Charles se levant si peu que non, le roy Henry coulla le genoul assez bas, et luy fit honneur, disant assez humbles et gracieuses paroles, pour ennemy et roy tel qu'il estoit. Et le roy françois, faisant peu d'estime et peu de langage, luy respondit joyeusement : « Or ça! vous, soyez le très-bien

[1] Page 44 de mon édition des *OEuvres histo-* | *riques* de G. Chastellain dans le *Panthéon*.

« venu ; puisque ainsi est. Saluez les dames. » Et à ce mot se rassist ; et
sembloit avoir sens plus mille fois que on y esperoit, car sa maladie
regnoit lors. Et sembloit que Dieu pour celle briève espasse ouvrast en
luy et luy donnast sens et vertu de savoir faire ou laisser ; car oncques
conseil d'hommes ne le peult faire lever jusques à le veoir près de luy,
non plus que encontre ung de ses vassaux, prince de son sang. »

Les conséquences de cette funeste adoption ne se firent pas longtemps attendre pour le sort du roi et pour celui du pays. Voici comment s'exprime Chastellain sur l'abandon du vieux souverain français :

« Or, dit Chastellain [1], estoit le temps decourt jusques à la feste de
Noël [2], qui est ung jour que les roys et haulx princes chrestiens
tiennent voulentiers solempnités de hault et de curieux estat en leur
palais, et souverainement les roys françois anciennement, qui à tous
aultres roys chrestiens ont esté patrons d'honneur et de sçavoir ; mais
maintenant, ombragé ung peu cestui ci des meubles de fortune, cestuy
noble roy Charles tint sa solempnité en son hostel à Saint-Pol, et la
royne avec luy. Mais n'estoit pas estat tel que autrefois avoit esté veu
en luy et qui suffist à sa haultesse, ains estoit semblant d'une chose
defigurée, qui jadis sembloit avoir esté specieuse beaucop et belle,
mais maintenant rien ; car là où les princes et haulx membres par
avant du royaulme soulloient servir et faire les ceremonies à la table
de leur roy, avec toutes autres richesses qui y resplendissoient, maintenant c'estoient povres vieux serviteurs deshabitués, peu reputés
ydoines, qui se presentoient et avoient l'exercice de haulx et royaulx
officiers, parce que les autres ne s'y monstroient. Vindrent à court aucuns
notables citoyens à qui nature trayoit de aller veoir et visiter en ung
tel jour leur souverain et naturel seigneur, comme autrefois ils avoient
fait ; les quels, quand ils apperceurent le roy estre si povrement accom-
paigné, en son estat si parsobre et de si peu de fait envers ce que autrefois avoient veu et congneu, certes le cuer leur attendrissoit durement ;
et n'y avoit celuy à qui les larmes ne moillassent les yeulx, et qui par
pitié et compassion du cas si amer ne partist et ne vuidast, faisant
leurs complainctes et souspiremens l'ung à l'aultre, par memoire du
temps passé, jadis glorieux et felice pour eulx, à celuy de lors, plain

----

[1] Page 65 de mon édition. | [2] De l'an 1420.

d'opprobre et de confusion pour leurs enfans. Si cognoissoient bien et jugeoient les plusieurs, que c'estoit ung œuvre qui battoit leur orgueil et qui, en multitude de pechiés et de sedicions dont ils estoient plains, leur mettoit au front une multitude d'annuy et de revelemens, comme il parut bien celuy jour, quand leur mortel ennemi, dont les peres et les devanciers de longtemps avoient esté persecuteurs, et luy meismes encore tout frès et nouvel occiseur des Francs, au plus hault du trosne français, porta ceptre et couronne, là où mesme du roy des Francs séant en son siége et abandonné de ses sujets, il n'estoit à peine nouvelle, sinon en petite reputacion, là où de leur ennemi eslevé en orgueil et assis en préeminence de gloire, il estoit bruit et fame à tous lez. Mesmes les haults hommes du royaume y venoient s'esjoyr et augmenter la feste, celluy jour de Noël, qui estoit au chastel de Louvres; et se trayoient les officiers royaulx et tous les notables de la ville, les seigneurs du parlement et autres, vers cestuy chastel où le roy ennemi estoit assis, ensemble la royne, en estat royal, couronne sur la teste. Et là vindrent les barons et nobles hommes, comme jadis, en grand nombre, faire les honneurs et reverence en toute humilité, comme si dès oncques il leur eust esté naturel prince et seigneur, et comme si la memoire du noble et glorieux roy des Francs eust esté estaincte et avieutie en leurs cuers à toujours. Si faisoient chiere et honneur et humilité à qui se rioit en son couvert couraige de leur meschef, et de ce que par sa puissance il les avoit ainsi humiliés et affaissés que son nom leur estoit plus à cremeur que de leur propre, naturel et souverain seigneur, lequel ils avieutoient et le mettoient à non chaloir.

« Pour luy et meismes pour la seigneurie angloise, qui estoit là en pompes et en beubans, le plus qu'il se pouvoit dire, ne tint oncques compte aussi peu que rien de la seigneurie françoise qui s'y presenta; ains leur sembloit bien, aux princes et aux chevaliers anglois, que l'heritaige des Francs estoit le leur, et que le gouvernement et dominacion seroient desormais abolis par le nom des Anglois, bien voulsissent ou non. Aussi temprement leur fut il monstré, car de celle heure en avant, tout le royaulme et les affaires d'icelluy fut gouverné et conduit par la main du roy anglois, et tous les offices et estats changiés et remis à la disposicion de son plaisir, en demettant meismes ceux que le roy Charle et les deux ducs bourguignons pere et fils y avoient establis, et mettant tout partout Anglois et gens de sa nacion, estrangiers, non propres à la nature du pays. Si estably le comte de Kent, nommé Humphry, capitaine de Melun, le comte de Huntingdon, capitaine du Bois de Vincennes, et le comte de Chester, gouverneur et garde du pays, avec cinq cent combattans hommes d'arme et archiers. Ce changement d'offices et d'estats fit le roy anglois en son advenement à Paris, comme vous avez oy; dont maints cuers françois couvertement se trouverent attaints de douleur, s'ils eussent osé monstrer. Mais c'estoit bien peu, helas! au regard de ce qui leur estoit approchant, plus cuisant et plus dur en temps après, combien que faisant son entrée à Paris l'on crioit noel! noel! et se resjoyssoit-on en l'esperance de paix; mais estoit conjoyssance en son propre malheur et servitude. »

Tant de douleurs et d'humiliations allaient avoir un terme. Le glorieux Henri V n'avait fermé les yeux que depuis très-peu d'années lorsqu'apparut la jeune fille qui devait comme prendre la France par la main pour la relever de ses ruines et l'asseoir triomphante et libre sur les débris de la puissance étrangère. Là, aucune chronique, aucun récit ne sauraient être aussi intéressans que les paroles mêmes de notre héroïne, racontant simplement et naïvement ses grandes pensées. Le bûcher de Jeanne d'Arc est pour elle non un piédestal, mais un autel, et son procès de condamnation est l'apologie la plus éloquente de sa vie si pure et si dévouée. Quel écrivain trouverait des paroles plus naïves à la fois et plus hautes.

Interrogée [1] si elle avoit appris aucun art ou mestier, dit : « Que oui, « et que sa mere lui avoit appris à coudre, et qu'elle ne cuidoit point « qu'il y eust femme dedans Rouen qui lui en sust apprendre aucune « chose. »

Interrogée si elle est en la grace de Dieu, repond : « Si je n'y suis, « Dieu m'y veuille mettre, et si j'y suis, Dieu m'y veuille tenir »

Interrogée si dès son jeune age elle avoit grande intention de persecuter les Bourguignons, repond : « Qu'elle avoit bonne volonté que « le roi eust son royaume. »

Interrogée si elle avoit dit que les estendards faits à la ressemblance

des siens estoient heureux, repond : « Qu'elle disoit aucunes fois :
« Entrez hardiment parmi les Anglois, » et elle-même y entroit la pre-
« mière. »

Interrogée si elle sait point si ceux de son parti ont fait service,
messe ou oraison pour elle, repond : « Si ils ont prié pour elle,
« ils n'ont pas fait de mal. »

Interrogée comment elle eust delivré le duc d'Orléans, repond :
« Qu'elle eust assez pris de sa prise des Anglois pour le ravoir, et si elle
« n'eust pris assez de sa prise de là, elle eust passé la mer pour l'aller
« querir à puissance en Angleterre. »

Interrogée si sainte Catherine et sainte Marguerite aiment les Anglois,
repond : « Elles aiment ce que Dieu aime et haïssent ce que Dieu hait. »

Interrogée si Dieu hait les Anglais, repond : « De l'amour ou haine
« que Dieu a aux Anglois, ou que Dieu fait à leurs âmes, ne sais rien ; mais
« sais qu'ils seront tous mis hors du pays, excepté ceux qui y mourront. »

Interrogée si l'espoir d'avoir victoire estoit fondé en son estendard ou
en elle, repond : « Il estoit fondé en Nostre Seigneur. »

Interrogée pourquoi on porta son estendard à Rheims, repond : « Il
« avoit esté à la peine, c'estoit bien raison qu'il fust à l'honneur. »

À Charles VII, que portent comme malgré lui dans leurs bras sur son
trône et Jeanne d'Arc, et Dunois, et Bureau de Longueville, et La Fayette,
et Jacques Cœur et même Agnès Sorel, va succéder un souverain dont le
caractère était le mieux assorti aux difficultés du moment, mais qu'il
est aussi fort difficile à l'historien d'étudier et de suivre dans les replis
de son âme. Lorsque Louis XI arriva à la couronne, la France avait
été à la vérité purgée entièrement de la présence de l'ennemi étranger
depuis la victoire de Châtillon, en 1453, qui avait suivi de près celle de
Fourmigny ; mais si la nationalité était retrouvée, l'autorité restait à
réorganiser, et de toutes les autorités établies en France, l'autorité
royale était la moins puissante et la moins reconnue. La nouvelle de
son accession au trône lui parvint à Gennappes, dans les États de son
oncle le puissant duc Philippe de Bourgogne, qui depuis sa brouillerie
avec son père l'avait maintenu splendidement à sa cour.

« Moi qui, hier encore, lui fait dire Georges Chastellain [1], me tenois

---

[1] Page 129 de mon édition.

« pour le plus povre fils de roy qui oncques fust, et qui, depuis l'eage de
« mon enfance jusques à ce jour present, n'ay eu que souffrance et tribu-
« lacion, povreté et angoisse et disette, et qui plus est expulsion d'héri-
« taige et d'amour de pere, jusques à estre constraint de vivre en emprunt
« et en mendicité, ma femme et moi, sans un pied de terre, sans maison
« pour nous reposer, ni ung denier vaillant s'il ne venoit de charité de
« bel oncle qui m'a entretenu ainsi par l'espasse de cinq ans ; maintenant
« tout soudainement, comme si je sortois d'un songe, Dieu m'a envoyé
« nouvel heur ; et au lieu de ma povreté passée, m'a fait le plus riche et
« le plus puissant roy des chrestiens, car j'ai par devers moi bel oncle. »

Cet appui, dont Louis XI à son avénement affectait de se vanter, était
précisément ce qui faisait sa faiblesse, et il le sentait bien. Depuis qua-
rante-deux ans qu'il gouvernait la Bourgogne, devenue entre ses mains
une sorte de royaume, Philippe-le-Bon, favorisé à la fois par les troubles
intérieurs de la France et par l'opulence de son pays de Flandre,
s'était créé en France une autorité qui balançait souvent celle du roi, et
la possession des places françaises sur la Somme, livrées en ses mains
comme gage d'emprunt, lui ouvrait en tout temps les portes du royaume.
Tant que ces places lui restaient, le roi de France devenait plutôt son
vassal que son souverain ; et le moment était pressant, car si le chevaleresque et généreux Philippe mourait, son fils Charles-le-Téméraire,
impétueux dans son ambition et ennemi particulier de Louis XI, n'eût
certainement jamais consenti à les rendre. Cette puissance redoutable
des ducs de Bourgogne sapait par bien d'autres points l'autorité royale.
Le connétable de France, Jean de Luxembourg, était vassal de la Bourgogne, et en cas de conflit entre les deux pays, ses intérêts de comte de
Luxembourg eussent sans doute passé avant ses devoirs de connétable
de France. Dans l'armée, dans les parlemens, dans toute la magistrature,
dans l'Église, tous les rangs étaient remplis de créatures du duc de
Bourgogne. Un autre duc, le duc de Bretagne, affaiblissait de son côté
la monarchie en se montrant toujours prêt à réclamer l'appui de l'Angleterre. Enfin le frère même du roi conspirait contre le rétablissement
de toute autorité, en réclamant pour lui la Normandie au même titre
que Philippe-le-Bon possédait le duché de Bourgogne. Il faut ajouter à
ces difficultés, en apparence insurmontables, que tous les coffres étaient
vides et que le désordre régnait partout. Louis XI contempla tous ces

maux avec un sang-froid intrépide et, ne pouvant se fier à personne autour de lui, résolut de chercher en lui seul ses conseils et ses ressources. A force d'économies personnelles d'une part et de mesures fiscales d'une autre, il parvint à racheter d'abord les places sur la Somme. Une fois maître sur son terrain, il commença à parler plus ferme; puis insensiblement et en employant tantôt l'argent et tantôt les faveurs pour séduire les amis puissans du duc de Bourgogne, et tantôt l'échafaud ou les cachots, ou même des supplices secrets pour effrayer ses ennemis, et tantôt des priviléges nombreux de noblesse pour gagner les bourgeois opulens et affaiblir d'autant les nobles, il parvint, à force de souplesse, de ruse, d'audace, de témérité même, à ressaisir et à reconstituer complétement le pouvoir royal. La fortune l'aida en lui donnant la satisfaction de voir son redoutable rival se briser contre les Suisses et mourir à Nancy. Le curieux tableau du règne de Louis XI demandait un pinceau habile; deux grands historiens français nous ont dévoilé cette intéressante époque : Commines, admirateur de Louis XI et qui avait abandonné pour lui la cause de son souverain, le duc de Bourgogne; Chastellain, dont les affections furent toujours fidèles aux souverains bourguignons et qui fut dans leur confiance, mais dont le cœur droit rend toujours justice aux qualités du roi de France.

Commines est trop connu pour qu'il soit nécessaire de faire autre chose que de prononcer son nom pour prononcer son éloge. Georges Chastellain, fort célèbre de son temps, était oublié du nôtre.

« La fortune littéraire de Georges Chastellain, chroniqueur du quinzième siècle, ai-je dit ailleurs [1], a été exposée à de bien étranges revers : descendu des illustres familles de Gavres et de Mamines, décoré de toutes les distinctions de cour par son souverain et ami le duc Philippe-le-Bon, cité au premier rang des hommes de goût dans la cour la plus polie de cette époque, celle des ducs de Bourgogne, il consacre sa vie tout entière aux lettres; il devient l'oracle et le modèle de tous les écrivains; ses ouvrages d'imagination en prose et en vers sont imités aussitôt que publiés; admis dans l'intimité de tous les hommes politiques, il entreprend d'écrire l'histoire de son temps; cette histoire est partout prônée pour son impartialité, citée pour la gravité noble de son style;

---

[1] Notice sur G. Chastellain.

la persécution lui donne un nouveau relief : la cour de France s'indigne
de ses écrits en faveur du duc de Bourgogne et veut poursuivre l'écrivain, non pas pour délit de la presse, — l'imprimerie ne devait naître
que quelques années plus tard, — mais pour libelle calomnieux et attentatoire à l'honneur du monarque français et de la noblesse de France;
il meurt dans tout l'éclat de sa gloire; un tombeau splendide lui est
élevé sur lequel on inscrit son plus beau titre historique, celui d'auteur
de la *Chronique de Philippe-le-Bon; ses* disciples le chantent dans toutes
les langues; pendant toute la fin de ce siècle on n'entend retentir que
son nom; c'est une gloire de se dire son disciple : un petit nombre
d'années s'écoule, et ce concert d'éloges meurt dans le silence, sans
qu'une seule voix ennemie s'élève pour le critiquer, une voix amie
pour le louer; l'imprimerie naît et multiplie les ouvrages célèbres, et
ceux que l'on choisit pour les publier sous son nom sont précisément
deux ouvrages qui ne sont pas de lui : *Le Chevalier délibéré*, dont le véritable auteur est Olivier de La Marche, et bien plus tard la *Chronique de
Jacques de La Laing*, dont l'auteur est le héraut d'armes Charrolois; et
pendant ce temps ses manuscrits disparaissent, et les hommes qui, dans
les siècles suivans, auraient pu vouloir l'étudier dans ses écrits, ne trouvent nulle part un seul manuscrit du plus célèbre de tous, la *Chronique de
Philippe-le-Bon et de Charles-le-Hardi*, qui puisse conserver encore, ne
fût-ce que sur le titre et dans les catalogues, la trace de son nom! A quoi
donc tient cet oubli précoce? Est-ce là une juste sentence de la postérité contre une célébrité de cour, sentence prononcée avec connaissance
de cause? ou n'est-ce qu'un de ces accidens bizarres qui se jouent de
la gloire des hommes? Il suffit pour justifier aujourd'hui Georges
Chastellain de jeter un coup d'œil sur son temps pour se rendre compte
de cet oubli littéraire. Ce fut aux dernières lueurs de cet éclat si vif jeté
par la dernière maison de Bourgogne sur les lettres et les arts, qu'écrivit Georges Chastellain. La cour de Bourgogne sous Philippe-le-Bon
était le centre de toute élégance, tandis que la France, sortant à peine
de plus d'un siècle de guerres violentes, n'avait pas encore conquis
l'ascendant que lui donne sa civilisation et qu'avait déjà sa langue.
Mais cette splendeur de la cour de Bourgogne n'avait que peu de jours
à briller. Charles-le-Téméraire devait entraîner la nationalité française
de son pays dans sa propre ruine aux champs de Nancy. Avec lui

s'éteignit jusqu'au nom de la Bourgogne, qui passa en partie avec sa fille sous les lois de la maison d'Autriche. Quel intérêt pouvaient prendre des gouvernans autrichiens, puis espagnols à des renommées littéraires étrangères à leur histoire, à leurs habitudes, à leur langue? Qu'importait à Maximilien le récit des débats entre les membres de la maison de France ou la réputation d'un historien français? Qu'importait aussi à la France d'alors la justification d'une famille éteinte? Commines fut à la fois prudent et heureux en passant à propos dans les rangs des Français, parmi lesquels il trouvait à la fois existence nationale et gloire littéraire. Georges Chastellain subit le sort des provinces conquises : son nom périt avec celui de son pays. Les divisions politiques sont maintenant oubliées, et les hommes qui se consacrent à la recherche des faits anciens aiment à relever sur les champs de bataille les morts de tous les camps, heureux si quelque corps glorieux conserve encore un reste de vie. En visitant ce champ de ruines, j'ai retrouvé Georges Chastellain. »

La différence du point de vue sous lequel des hommes doués d'une intelligence aussi ferme que Commines et Chastellain considéraient les événemens et la politique de leur temps, est un moyen plus certain pour nous de remonter au vrai. Tous deux, dans les deux cours rivales, étaient placés de manière à bien voir les faits, et tous deux avaient été de bonne heure en relation avec les hommes importans de chaque pays. Mais Commines était plus souple, plus fin, plus délié; Chastellain plus désintéressé et plus dévoué. Son esprit, naturellement grave et austère, n'aime à s'occuper que d'objets élevés et les représente toujours avec un peu trop de solennité. Aussi, si on veut voir sous toutes ses faces le duché de Bourgogne tel qu'il était sous Philippe-le-Bon, est-il nécessaire d'avoir recours à deux autres chroniqueurs, Olivier de la Marche, écrivain élégant qui sait si bien nous représenter les fêtes brillantes et les pompes de la cour de Philippe-le-Bon, et Jacques du Clercq, qui nous représente le revers de la médaille : l'oppression des classes bourgeoises, la misère du pays, les persécutions du fanatisme, les terribles essais de l'inquisition d'Arras, et tous les désordres qui arrivaient à la suite du laisser-aller du duc Philippe pour ses favoris.

La mort prématurée de Charles-le-Téméraire, fils de Philippe-le-Bon, amena le démembrement de l'ancien duché de Bourgogne, et la France eut à compter un ennemi de moins, ennemi d'autant plus redoutable que c'était un ennemi de famille. Mais à peine commençait-elle à s'organiser en nation compacte qu'elle fut entraînée par de folles ambitions de succession en dehors de sa ligne d'agrandissement naturel. Charles VIII sacrifia son pays à un désir insensé de conquête. Pour obtenir la couronne de Naples, qu'il réclamait du droit de la maison d'Anjou, il acheta le silence de Ferdinand, roi de Castille, et de Maximilien, roi des Romains, en rendant au premier le Roussillon et la Cerdagne, et en cédant à l'autre la Franche-Comté, le Charrolois et l'Artois. La victoire de Fornoue ajouta sans doute un brillant fleuron à la couronne guerrière de la France et de son roi; mais cette marche rapide en Italie, qui avait éveillé tant d'espérances, fut la première source des guerres qui ont signalé les premières années du siècle qui va suivre. Le bon sens de Commines se prononce avec netteté et sur cette guerre et sur la manière dont elle fut conduite; cette partie de son histoire est remplie aussi d'une saine et solide instruction.

Ce fut pendant ce règne que deux immenses événemens vinrent agrandir à la fois le monde intellectuel et le monde physique : l'imprimerie fut inventée, et l'Amérique découverte. Quelques années de plus, et un autre grand événement, la réformation religieuse, va renouveler la face des sociétés modernes. Le quinzième siècle se termine au moment où ces germes féconds ont déjà jeté en avant leurs premiers rejetons. Tout appelle à la fois l'intelligence humaine à s'élever à son plus haut développement.

XVIᵉ SIÈCLE.

Ce n'est vraiment qu'après les guerres d'Italie et après un contact de tous les instans avec la civilisation bien plus avancée de ce pays, que la France commença à prendre son essor intellectuel. En même temps que l'Italie agissait par les arts et par les lettres pour développer l'intelligence humaine, le spectacle qu'offraient les cours italiennes, et surtout la cour papale des Borgia, réagissait sur les sentimens religieux, et à la réforme graduelle qu'eussent amenée les lumières et les mœurs fit succéder une rapide révolution religieuse. Ces mouvemens se préparaient en secret dans tous les esprits, mais la révolution religieuse attendait encore son Mirabeau pour en recevoir le mot d'ordre [1], et Luther ne devait pas tarder à paraître. Le seizième siècle, à son commencement, se montra donc plutôt avec la physionomie du siècle précédent qu'avec sa physionomie propre; car ses grands hommes et ses grandes choses, les Bayart et les Nemours, les Fornoue et les Marignan, semblent plutôt une continuation de l'ère de vigueur du moyen âge que le commencement de l'ère intelligente qui date du seizième siècle.

La chronique de Bayart, écrite par un de ses admirateurs qui ne prend d'autre titre que celui de *Loyal serviteur*, ne semble pas moins par le style dans lequel elle est écrite que par le fond même des choses, un monument du quinzième siècle, plutôt que du grand siècle de la rénovation des lettres. La grâce toute naïve avec laquelle sont racontées les actions les plus audacieuses, ce mélange de bravoure et de galanterie, cette simplicité parfaite de narration, portent encore le véritable cachet de nos anciens chroniqueurs, émules de Froissart; il n'y a rien là du ton superbe et guindé avec lequel les savans historiens de cabi-

---

[1] Le 15 décembre 1520, Luther brûla, en présence de tout le corps universitaire, sur la place de Wittemberg, la bulle d'excommunication lancée contre lui par Léon X, en prononçant ces paroles d'Ézéchiel : « *Vous avez troublé la maison du Seigneur, et vous serez livré au feu éternel.* » Mais si Luther servit la réforme par la violence de ses passions, ce fut Melanchton qui la fonda par la force de son intelligence.

net, imitateurs de modèles qu'ils ne comprenaient pas, ont écrit depuis sur nos événemens nationaux, événemens dans lesquels éclate pourtant partout le caractère général de la nation : le courage mêlé à la gaîté, l'audace dans la conception et l'aisance poussée jusqu'au laisser-aller dans l'exécution. Mais quoi ! tous ne ressemblaient pas au romancier Zchokke, qui déclare lui-même qu'il aimerait mieux être Achille que son chantre Homère, et préfèrerait faire à écrire[1]. Telle était sans doute aussi la manière de voir du *Loyal serviteur*, qui, en nous donnant ces quelques pages si charmantes sur le bon chevalier sans peur et sans reproches, n'a pas voulu faire un livre, mais un récit à répéter dans la salle d'armes pendant le repos des jeunes chevaliers, ou à la veillée dans les camps. Veut-on un tableau peint au vif des ruses et contre-ruses des cours italiennes contrastées avec la bonne foi qu'avait encore conservée la chevalerie de France, le court récit suivant en dira plus que beaucoup de savantes dissertations.

« Quand le pape (Alexandre Borgia) veit[2] qu'il ne viendroit point à ses atteintes, s'advisa d'une terrible chose, car il mist en son entendement, pour se venger des François, qu'il pratiqueroit le duc de Ferrare. Il avoit ung gentilhomme lodesan, du duché de Milan, à son service, qu'on appeloit messire Augustin Guerlo ; mais il changeoit son nom. C'estoit ung grand faiseur de menées et de trahisons ; dont mal luy en print à la fin, car le seigneur d'Aubigny luy fit couper la teste dedans Bresse, où il le vouloit trahir. Ung jour fust appelé ce messire Augustin par le pape, qui luy dist : « Viens çà ! il fault que tu me faces « ung service. Tu t'en yras à Ferrare devers le duc, auquel tu diras : Que, « s'il se veult despescher des François et demourer mon alyé, je lui bail- « leray une de mes niepces pour son fils aisné, le quitteray de toutes « querelles, et davantage le feray gonfanonnier et capitaine general de « l'Eglise. Il ne fault sinon qu'il dise aux François : Qu'il n'a plus que « faire d'eulx et qu'ils se retirent. Je suis assuré qu'ils ne sauroient passer « en lieu du monde que je ne les aye à ma mercy ; et n'en eschappera « pas ung. » Ce messager, qui ne demandoit que telles commissions, dist qu'il feroit fort bien l'affaire. Et s'en alla à Ferrare droict s'adresser au duc, qui estoit ung sage et subtil prince, le quel escouta très bien

[1] Lettre à Bonstetten.   [2] Page 70 de mon édition.

le galant, faisant myne qu'il entendroit voulentiers à ce que le pape
luy demandoit; mais il eust mieulx aymé estre mort de cent mille
morts, car trop avoit le cueur noble et gentil. Bien le monstra par ce
que, après avoir fait bonne chière à messire Augustin et icelluy enfer-
mé en une chambre de son palais dont il prist la clé, s'en vint avecques un gentilhomme seulement au logis du bon chevalier, auquel de
point en point conta l'affaire, qui se signa plusieurs fois; et ne pouvoit
penser que le pape eust si meschant vouloir d'achever ce qu'il mandoit.
Mais le duc luy dist qu'il n'estoit rien si vray et que, s'il vouloit, le
mettroit bien dans un cabinet en son palais où il entendroit toutes les
paroles que le gallant luy avoit dictes. Mais ajouta le duc : qu'il aime-
roit plus tost estre tout vif demembré à quatre chevaulx que d'avoir
seulement pensé consentir à une si grande lascheté; et qu'il estoit bien
tenu à la maison de France pour ce qu'à son grand besoing le roy
l'avoit si bien secouru. Le bon chevalier disoit : « Monseigneur, il n'est
« pas besoing vous excuser de cela, je vous connois assez. Sur mon ame !
« je tiens mes compaignons et moy aussi rasseurés en ceste ville que si
« nous estions dedans Paris, et n'ay pas paour, aydant Dieu, que aucun
« inconvénient nous adviengne. — Monseigneur Bayart, dist le duc de
« Ferrare, si nous faisions une chose? Le pape veult ici user d'une mes-
« chanceté; il luy fault donner la pareille. Je m'en vais encore parler à
« son homme et verray si je le pourray gaigner et tenir à ma cordelle
« (opinion), de façon qu'il nous puisse faire quelque bon tour. — C'est
« bien dict, respondit le bon chevalier. » Et sur ces paroles s'en retourna le duc droit en la chambre où il avoit laissé messyre Augustin, auquel de bien loing entama plusieurs propos et de plusieurs sortes pour
venir à son poinct, qu'il sceut très bien faire venir en jeu quand temps
fut, comme vous orrez, disant : « Messire Augustin, j'ai pensé toute
« ceste matinée au propos que me mande le pape, où je ne puis trouver
« fondement ni grant moyen, pour deux raisons : l'une, que je ne me
« dois jamais fier de luy, car il a dit tant de fois que s'il me tenoit il me
« feroit mourir et que j'estois l'homme vivant qu'il hayssoit le plus, et
« je sçay bien qu'il n'y a chose en ce monde qu'il desire autant que
« d'avoir ceste ville (Ferrare) et mes terres; porquoy je ne vois point
« d'ordre que je deusse avoir seureté en luy ; l'autre que, si je dis au
« seigneur de Bayart, à present, que je n'ay plus que faire de luy ny de

« ses gens, que pourra-t-il penser une fois? Il est plus fort en la ville
« que je ne suis. Peut-estre qu'il me respondra que voulentiers en ad-
« vertira le roy de France son maistre, ou monseigneur le grand-
« maistre son lieutenant general de çà les monts, qui cy l'a envoyé;
« et selon leur response verra Bayart ce qu'il aura à faire. En ces en-
« trefaictes seroit grandement difficile qu'ils ne congneussent mon fait;
« et par ainsi, comme la raison seroit, comme ung meschant m'aban-
« donneroient, et je demourrois entre deux selles le cul à terre,
« dont je n'ay pas besoing. Mais messire Augustin, le pape est d'une
« terrible nature, comme sçavez, colere et vindicatif au possible, et
« quelque chose qu'il vous declare de ses secretes affaires, ung de ces
« matins vous fera faire quelques mauvais tours; et m'en croyez. Oul-
« tre plus, s'il vient à mourir, qu'est-ce que de ses serviteurs? Ung
« autre pape viendra qui n'en retirera pas ung. Vous savez que j'ay des
« biens et beaucoup, graces à Nostre Seigneur; si me voulez faire
« quelques bons services et m'ayder à me debarrasser de mon ennemy,
« vous donneray si bon present que toute vostre vie serez à vostre ayse ;
« et en soyez hardyment asseuré. » Le lasche et meschant paillart ava-
ricieux, quand il eut entendu le duc parler, son cueur meut soubdai-
nement, et respondit quasi gaignié : « Sur mon ame! monseigneur,
« vous dictes verité; aussi y a-t-il plus de six ans que j'avois vouloir
« d'estre à vostre service. Et vous veulx bien asseurer qu'il n'y a homme
« à l'entour la personne du pape qui puisse mieulx faire ce que de-
« mandez que moi ; car la nuyt et le jour je suis auprès de luy, et bien
« souvent il prend sa collacion de ma main quand il n'y a que nous
« deux et qu'il me devise de ses trafiques. Si me voulez bien traicter,
« devant qu'il soit huit jours il ne sera plus en vie ; et ne veulx rien
« que je n'aye fait ce que je vous promets. Aussi, monseigneur, je vou-
« drois bien n'estre point mocqué après. — Non! non! dit le duc,
« sur mon honneur! » Si convindrent du marché avant que de partir de
là ; ce fust que le duc luy bailleroit deux mille ducats comptant et cinq
cent ducats d'entrade. Ce fait, fut toujours messire Augustin bien traic-
té, que le duc laissa en sa chambre ; et retourna vers le bon chevalier,
qui s'estoit allé esbattre sur les remparts de la ville et s'amusoit à faire
netoyer une canonniere. Il veit venir le duc, au devant duquel il alla ;
et se prindrent par la main. Et eulx se promenans sur le rempart loing

des gens, commença le duc à dire : « Monseigneur de Bayart, il ne
« fut jamais autrement que les trompeurs enfin fussent trompés. Vous
« avez bien entendu la meschanceté que le pape m'a voulu faire vers
« vous et les François qui sont icy; et à ceste occasion m'a envoyé un
« homme, comme vous sçavez. Je l'ay si bien gagné et renversé à son
« propos qu'il fera du pape ce qu'il vouloit faire de vous; car dedans
« huit jours pour le plus tard m'a asseuré qu'il ne seroit pas en vie. »
Le bon chevalier, qui n'eust jamais pensé au fait, respondit : « Com-
« ment cela, monseigneur ? il a donc parlé à Dieu ! — Ne vous sou-
« ciez, dit le duc, mais il sera ainsi. » Et tant vindrent de parolles en
parolles qu'il luy dist que messire Augustin luy avoit promis d'empoi-
sonner le pape. Desquelles parolles le bon chevalier se signa plus de
dix fois, et en regardant le duc, lui dist : « Hé ! monseigneur ! je ne
« croirois jamais qu'ung aussi gentil prince comme vous estes consen-
« tist à une trahison si grande; et quand je le sçauroys de vray, je
« vous jure mon ame que, devant qu'il fust nuyt, en advertirois le
« pape, car je croy que Dieu ne pardonneroit jamais un sy horrible
« cas. — Comment ! dit le duc, il a bien voulu faire autant de vous et
« de moy ; et jà sçavez vous que nous avons fait pendre sept à huit
« espies. — Il ne me chault, dit le bon chevalier; il est lieutenant de
« Dieu en terre; et le faire mourir d'une telle sorte ! Jamais je n'y con-
« sentirois. » Le duc haussa les espaules, et crachant contre terre dist
ces paroles : « Par le corps Dieu ! monseigneur de Bayart, je vouldrois
« avoir tué tous mes ennemis, tout en faisant ainsi ; mais puisque ne
« le trouvez pas bon, la chose demourera; dont, si Dieu n'y met re-
« mede, vous et moy nous nous repentirons. — Nous ferons, si Dieu
« plaist, dist le bon chevalier; mais je vous prie, monseigneur, bail-
« lez moy le galant qui veut faire ce chef d'œuvre, et si je ne le fais
« pendre dedans une heure, que je le soye en son lieu. — Non, mon-
« seigneur de Bayart, dit le duc, je l'ay asseuré de sa personne; je
« vais le renvoyer. » Ce qu'il fist incontinent qu'il fust retourné en son
palais. »

Il me semble que ce récit simple et naturel représente parfaitement
au vrai la nuance caractéristique de chaque nation. La chronique du
Loyal serviteur est assortie par sa naïveté avec les mœurs chevaleresques de France, comme l'histoire de l'habile et profond Macchiavelli est
assortie à l'histoire de l'Italie à cette époque. Macchiavelli devait vivre

sur le sol des Borgia, la chronique du *Loyal serviteur* ne pouvait être écrite que dans la patrie de Bayart.

Une seule citation de plus de la chronique du *Loyal serviteur* nous montre Bayart tout aussi à son avantage dans les relations sociales que dans les relations politiques ; c'est toujours la même pureté de cœur, la même loyauté, le même sacrifice complet de ses intérêts propres à une pensée d'honneur.

« Il fault savoir ce que devint le bon chevalier [1] après qu'il eut gaigné le premier fort (à Brescia) et qu'on l'eust si lourdement blessé que constrainct avoit esté, à son grand regret, de demourer avecques deux de ses archiers. Quand ils veirent la citadelle gaignée, en la première maison qu'ils trouverent, demonterent ung huys sur lequel ils le chargerent et, le plus doulcement qu'ils peurent, avec quelque ayde qu'ils trouverent, le porterent en une maison la plus apparente qu'ils veirent à l'entour. C'estoit le logis d'ung fort riche gentilhomme, mais il s'en estoit fuy en ung monastere, et sa femme estoit demourée au logis en la garde de Nostre Seigneur, avec deux belles filles qu'elle avoit, lesquelles estoient cachées dans ung grenier dessoubs du foing. Quand on vint heurter à sa porte, comme contente d'attendre la misericorde de Dieu, la va ouvrir. Si veit le bon chevalier que on apportoit ainsi blessé, lequel fist incontinent serrer la porte et mist deus archiers à l'huys aux quels ils dist : « Gardez sur votre vie que personne n'entre « céans, si ce ne sont de nos gens. Je suis asseuré que, quand on sçaura « que c'est mon logis, personne ne s'efforcera d'y entrer. Et pour ce que, « pour me secourir, je suis cause dont vous perdiez à gaigner quelque « chose, ne vous souciez pas, vous n'y perdrez riens. » Les archiers firent son commandement ; et luy fut transporté en une fort belle chambre en la quelle la dame du logis le mena elle mesme ; et se gectant à genoulx devant luy, parla en ceste maniere, rapportant son langage au françois : « Noble seigneur, je vous présente ceste maison et tout ce « qui est dedans, car je sçay bien qu'elle est vostre par le debvoir de la « guerre ; mais que vostre plaisir soit me saulver l'honneur et la vie, et « de deux jeunes filles que mon mary et moy avons, et qui sont prestes « à marier. » Le bon chevalier, qui oncques ne pensa meschanceté,

---

[1] Page 83 de mon édition.

luy respondit : « Madame, je ne sçay si je pourray eschapper de la
« playe que j'ay; mais tant que je vivray, à vous ne à vos filles ne sera
« fait desplaisir non plus que à ma personne. Gardez les seulement en
« vos chambres, qu'elles ne se voyent pas, et je vous asseure qu'il n'y
« a homme en ma maison qui s'ingere d'entrer en lieu que ne le veuillez
« bien, vous asseurant au surplus que vous avez céans ung gen-
« tilhomme qui ne pillera point; mais vous feray toute la courtoisie
« que je pourray. » Quand la bonne dame l'ouyt si vertueusement
parler, fut toute asseurée. Après il luy pria qu'elle enseignast quelque
bon cyrurgien et qui peust hastivement le venir habiller (panser); ce
qu'elle fist; et l'alla querir elle mesme avecques ung des archiers. Luy
arrivé, visita la plaie du bon chevalier qui estoit grande et profonde ;
toutefois il l'asseura qu'il n'y avoit nul dangier de mort. Au second
appareil vint le voir le cyrurgien du duc de Nemours, maistre Claude,
qui depuis le pansa, de sorte qu'en moins d'ung mois fust prest à monter à cheval. Le bon chevalier, habillé, demanda à son hostesse où estoit son mary : la povre dame toute esplorée luy dist : « Sur ma foy,
« monseigneur, je ne sçay s'il est mort ou vif. Bien me doubte, s'il
« est en vie, qu'il sera dans un monastere. — Dame, dit le bon che-
« valier, faites le chercher, et je l'envoiray querir en sorte qu'il n'aura
« pas de mal. » Elle se fist enquerir où il estoit, et le trouva. Puis fut
envoyé querir par le maistre d'hostel du bon chevalier et par deux archiers qui l'amenerent seurement; et à son arrivée eut de son hoste le
bon chevalier joyeuse chere; et luy dit qu'il ne se donnast point de
melancolie et qu'il n'avoit logé que de ses amis.... Environ ung mois
ou cinq sepmaines fut le bon chevalier sans sortir du lit, dont bien
luy ennuyoit, car chascun jour avoit des nouvelles du camp des François, comment ils approchoient les Espaignols, et l'on esperoit de jour
en jour la bataille qui, à son grand regret, auroit esté donnée sans luy.
Si se voulust lever ung jour et marcher parmy la chambre, pour sçavoir
s'il se pourroit soutenir; ung peu se trouva foible, mais le grand
cueur qu'il avoit ne luy donna pas le loisir d'y longuement songer. Il
envoya querir le cyrurgien qui le pansoit et luy dist : « Mon amy,
« dites moy s'il y a point de dangier de me mettre en chemin. Il me
« semble que je suis guery ou peu s'en fault; et vous promets ma foy,
« que, à mon jugement, le demourer d'ores-en-avant me pourra plus

« nuyre que amender, car je me fasche merveilleusement. » Les serviteurs du bon chevalier avoient desjà dit au cyrurgien le grand de-
sir qu'il avoit d'estre à la bataille et qu'il ne regrettoit autre chose; par
quoy ce sachant, et aussi congnoissant sa complexion, luy dist : « Mon-
« seigneur, vostre playe n'est pas encore close; toutes fois par dedans
« elle est toute guerye. Vostre barbier vous verra habiller encore ceste
« fois; et mais que tous les jours au matin et au soir il y mette une
« petite tente et amplastre dont je luy bailleray l'oignement, il ne vous
« empirera point. Si n'y a nul dangier, car le grant mal de playe est
« audessus, et ne touchera point à la selle de vostre cheval. » Qui eust
donné dix mille escus au bon chevalier, il n'eust pas esté si ayse. Son
cyrurgien fut plus que contenté, et se delibera partir dans deux jours.
La dame de son logis, qui se tenoit toujours sa prisonniere, ensemble
son mary et ses enfans, et que les biens meubles qu'elle avoit estoient
siens aussy, car ainsi en avoient fait les François aux autres maisons,
comme elle le sçavoit bien, eut plusieurs ymaginations; et considerant
que si son hoste la vouloit traicter à la rigueur, il en tireroit douze
mille escus, car ils en avoient deux mille de rentes, si se delibera luy
faire quelqu'honneste present; et elle l'avoit congneu si homme de
bien et de si gentil cueur que à son opinion se contenteroit gracieusement. Le matin dont le bon chevalier devoit desloger après disner,
son hostesse, avecques ung de ses serviteurs portant une petite boete
d'acier, entra en sa chambre, où elle trouva qu'il se reposoit en une
chaise, après estre soy fort pourmené, pour toujours peu à peu essayer
sa jambe. Elle se gecta à genoulx; mais incontinent la releva et ne voulut jamais souffrir qu'elle dist une parolle que premier ne fust assise
auprès de luy. Et puis commença son propos en ceste maniere : « Mon-
« seigneur, la grace que Dieu me fist en la prise de ceste ville, de vous
« adresser dans ceste nostre maison, ne me fut pas moindre que d'avoir
« saulvé la vie à mon mary, la mienne et de nos deux filles, avecques
« leur honneur qu'elles doivent avoir plus cher; et davantage, depuis
« que y arrivastes, ne m'a esté fait, ni au moindre de mes gens, une
« seule injure, mais toute courtoysie; et n'y ont pris vos gens de tous
« les biens qu'ils y ont trouvés la valleur d'ung quattrin sans payer. Je
« suis assez advertie que mon mary, moy et mes enfans et tous ceulx
« de la maison sommes vos prisonniers pour en faire et disposer à vostre

« bon plaisir, ensemble des biens qui sont céans; mais cognoissant la
« noblesse de vostre cueur, à qui nul autre ne pourroit atteindre, je
« suis venue vous supplier très humblement qu'il vous plaise avoir pitié
« de nous, en eslargissant vostre accoustumée generosité. Voicy ung pe-
« tit present que nous vous faisons ; il vous plaise le prendre en gré. »
Alors prit la boete que le serviteur tenoit, et l'ouvrit devant le bon chevalier, qui la veit pleine de beaux ducats. Le gentil seigneur, qui jamais
en sa vie n'avoit fait cas d'argent, se prist à rire et dist : «Madame,
« combien de ducats y a-t-il dans ceste boete? » La povre femme eust
paour qu'il feust courroucé d'en voir si peu et luy dist : «Monsei-
« gneur, il n'y a que deux mille cinq cens ducats, mais si vous n'estes
« content, en trouverons d'autres. » Alors il dist : « Ma foy, madame,
« quand vous me donneriez cent mille escus, ne m'auriez pas fait
« tant de bien que de la bonne chere que j'ay eue céans et de la bonne
« visitation que m'avez faicte, vous asseurant qu'en quelque lieu que
« je me trouve, vous aurez, tant que Dieu me donnera vie, ung gen-
« tilhomme à vostre commandement. De vos ducats je n'en veuil
« point et vous remercie ; reprenez les. Toute ma vie ay plus aymé
« beaucoup les gens que les escus. Et ne pensez aucunement que je ne
« m'en voise aussi content de vous que si ceste ville estoit en vostre
« disposition et me l'eussiez donnée. » La bonne dame fut bien es-
tonnée de se voir esconduyte; si se remist encores à genoulx ; mais
gueres ne luy laissa le bon chevalier ; et relevée qu'elle fut, dist :
« Monseigneur, je me sentirois à jamais la plus malheureuse femme
« du monde si vous n'emportiez si peu de present que je vous fais,
« qui n'est rien auprès de la courtoysie que m'avez cy devant faicte,
« et faictes encore à present par vostre grande bonté. » Quand le
bon chevalier la vit ainsi ferme, et qu'elle faisoit le present d'ung
si hardy courage, dist : « Bien doncques, madame ; je le prens pour
« l'amour de vous ; mais allez moy querir vos deux filles, car je leur
« veuil dire adieu. » La povre femme, qui cuidoit estre en paradis,
de quoy son present avoit esté enfin accepté, alla querir ses filles, les
quelles estoient fort belles, bonnes et bien enseignées, et avoient beaucoup donné de passe-temps au bon chevalier durant sa maladie, parce
qu'elles sçavoient fort bien chanter, jouer du lut et de l'espinette, et
fort bien besogner à l'esguille. Si furent amenées devant le bon cheva-

lier qui, cependant qu'elles s'accoustroient, fist mettre les ducats en
trois parties, ès deux à chascune mille ducats, et à l'autre cinq cens.
Elles arrivées, se vont gecter à genoulx ; mais incontinent furent rele-
vées ; puis la plus aisnée des deux commença à dire : « Monseigneur,
« les deux povres pucelles à qui vous avez faict tant d'honneur que de
« les garder de toute injure, viennent prendre congé de vous, en re-
« merciant très humblement vostre seigneurie de la grace qu'elles ont
« reçue, dont à jamais elles prieront Dieu pour vous. » Le bon chevalier, quasi larmoyant en voyant tant de douleur et d'humilité dans ces
deux belles filles, respondit : « Mes damoiselles, vous faictes ce que je
« devrois faire ; c'est de vous remercier de la bonne compaignie que m'a-
« vez faicte ; dont je m'en sens fort tenu et obligé. Vous sçavez que gens
« de guerre ne sont pas voulentiers chargés de belles besognes pour pre-
« senter aux dames. De ma part, me deplaist bien fort que n'en suis bien
« garny pour vous en faire present, comme j'y suis tenu. Vecy vostre dame
« de mere qui m'a donné deux mille cinq cens ducats que vous voyez
« sur ceste table. Je vous en donne à chascune mille pour vous ayder à
« marier ; et pour ma recompense, vous prierez, s'il vous plaist, Dieu
« pour moi. Autre chose ne vous demande. » Si leur mist les ducats dans
leurs tabliers, voulsissent ou non ; puis s'adressa à son hostesse, à la
quelle il dict : « Madame, je prendray ces cinq cens ducats à mon prou-
« fit, pour les departir aux povres religions (couvens) de dames qui
« ont esté pillées. Et vous en donne la charge, car entendrez mieulx où
« est la necessité que toute autre. Et sur cela je prends congé de vous. »
Si leur toucha à toutes dans la main, à la mode d'Italie ; les quelles se
mirent à genoulx, plorant si très fort qu'il sembloit qu'on les voulsist mener à la mort. Si dict la dame : « Fleur de chevalier, à qui riens
« ne se peut comparer, le benoist saulveur et redempteur Jesus Christ,
« qui souffrit mort et passion pour tous les pescheurs, le vous veuille re-
« munerer en ce monde ci et en l'autre ! » Après s'en retournerent en
leur chambre ; il fut temps de disner. Le bon chevalier fist appeler son
maistre d'hostel auquel il dict que tout feust prest pour monter à cheval sur le midy. Le gentilhome du logis, qui jà avoit entendu par
sa femme la grande courtoisie de son hoste, vint en sa chambre, et
le genoil en terre, le remercia cent mille fois en luy offrant sa personne et tous ses biens, desquels il luy dict qu'il povoit disposer comme

siens à ses plaisirs et voulenté ; dont le bon chevalier le remercia et le
fict disner avecques luy. Et après ne demoura gueres qu'il ne demanda
ses chevaulx, car jà luy tardoit beaucoup qu'il n'estoit avecques la compaignie tant desirée , ayant belle paour que la bataille se donnast avant
qu'il y feust. Ainsi qu'il sortoit de sa chambre pour monter , les deux
belles filles du logis descendirent , et luy firent chascune un present
qu'elles avoient ouvré pendant sa maladie : l'ung estoit deux jolis et
mignons bracelets faits de beaulx cheveulx, de fil d'or et d'argent, tant
proprement que merveilles ; l'autre estoit une bourse sur satin cra-
moisy, ouvrée moult subtilement. Grandement les remercia ; et dict
que le present venoit de si bonnes mains qu'il l'estimoit dix mille escus. Et pour plus les honorer, se fist mettre les bracelets au bras , et
la bourse mist en sa manche , les asseurant que tant qu'il dureroit les
porteroit pour l'amour d'elles. Sur ces paroles monta à cheval. »

La défaite de François Ier à Pavie, en 1525, mit fin à ces guerres
des Français en Italie, qui duraient depuis Charles VIII et qui avaient mis
notre héroïque mais ignorante chevalerie en contact avec toutes les
merveilles de la littérature et des beaux-arts qui semblaient naître à
l'envi à la voix des Médicis et de Léon X. Pendant son séjour en Italie,
François Ier, prince mobile et accessible à toutes les idées qui portaient
en elles un semblant de force et de gloire, ne put contempler de près
et ces grands hommes et ces belles choses et surtout l'enthousiasme
général que les uns et les autres excitaient partout, sans chercher à les
nationaliser chez lui. Peintres, sculpteurs, architectes, écrivains, tous
furent appelés en France et encouragés. Écoutons l'éloge que fait de lui
un homme peu enclin à se passionner en faveur d'un persécuteur des
protestans, le politique Regnier de La Planche. Il met les paroles suivantes dans la bouche d'un drapier [1] :

« Or à ce que j'ay à vous dire, regardez plus tost à la substance que
aux paroles ; car je ne suis pas homme de lettres pour savoir bien dresser une harangue ; à cela n'ai-je pas esté de jeunesse institué. J'estime
bien que ne l'ont pas aussi esté tous ces seigneurs qui sont icy, que j'ai
quasi tous cogneus en jeunesse. Mon pere à dix ans me mit au college.
Toute la science de ce temps là estoit de faire carmes et vers latins. J'en
faisois de bons, ce disoit mon maistre ; et Dieu sçait quels poëtes c'es-

---

[1] *Livre des Marchands*, page 427 de mon édit. | dans le *Panthéon Littéraire*.

toient que nos maistres! Mesme cela plaisoit fort à mon pere, qui n'y entendoit, non plus que vous faites, à mon avis, à haut-allemant. A quinze ans on ramena le poëte à la boutique, car toujours estoit-ce l'intention du bonhomme que je fusse de son estat. Là, tout ce que j'avois en grant peine et travail appris en cinq ans, s'oublia en m'esbatant en moins d'un mois; mes vers retournerent en la terre dont ils estoient sortis, car telle monnoie n'a point de cours en marchandise. Or çà, il falloit que ces cinq ans là se perdissent à rapprendre ce que par après l'on vouloit perdre. Mais depuis, la bonté de Dieu s'est déployée sur nous et sur toute la France, par la main de ce grand roy François, premier de ce nom, qui nous a tiré, comme d'un tombeau, les sciences, les arts, les lettres et bonnes disciplines ensevelies en une fondriere d'ignorance; et à l'aide d'un Amyot, d'un Jacques Colin, et de tant d'autres excellens ouvriers, nous a rendu les outils de sagesse tranchans en nostre langue maternelle; tellement qu'il n'y a artisan qui ne puisse, s'il veut, de luy mesmes et sans riens desrober à sa besongne, en peu d'heures se rendre savant. Nos boutiques, à gens qui ont quelque sentiment de vertu et aiguillon de bien, sont des escoles; car là avec le livre l'on voyage sans frais par toutes les regions de la terre; l'on monte avec esperance jusques au ciel et descend l'on avec assurance jusques aux abismes; l'on single par tous les gouffres de la mer sans aucun peril; l'on se trouve sans danger au millieu de batailles, en assaults et prises de ville; l'on se sauve sans perte de la main des brigands; bref, l'on y fait toutes negociations et exercices sans bouger d'une place. Ce que long age, un grand travail et pesante experience n'aportoient qu'à l'heure de la mort, nos enfans le peuvent, par maniere de dire, sucer des mamelles de leurs meres et nourrices. »

La comparaison seule de ce style ferme et vigoureux, si semblable à notre langue actuelle, telle que nous l'ont faite Pascal et tant d'autres grands écrivains, avec le style naturel mais humble et timide de la chronique du *Loyal serviteur*, prouve seule la rapidité avec laquelle avait marché, pendant le peu d'années qui les séparent, le progrès intellectuel et littéraire de la France; c'est qu'un immense mouvement venait d'être donné aux esprits par une de ces révolutions qui renouvellent la face des sociétés et les agitent jusque dans leur base: la réforme religieuse avait planté son drapeau triomphant.

Dès le milieu du quatorzième siècle les désordres de la cour papale, transportée depuis 1309 à Avignon, et un peu plus tard, en 1378, le schisme qui divisa la catholicité entre les prétentions d'Urbain VI et de Clément VII, puis la vente des évêchés au plus offrant et le déréglement des membres les plus opulens du clergé, que ne manquaient jamais de relever les prédications des ordres mendians, plus rapprochés du peuple, avaient déshabitué les peuples du respect ancien pour la papauté, et jamais ce respect n'eût été plus nécessaire pour rassurer et contenir. Jusque là les croisades avaient pu porter de l'Europe sur l'Asie le flot des populations actives et malheureuses. Après le malheureux résultat de la dernière croisade de saint Louis à Tunis, il y eut beaucoup de projets de croisade mais aucun effet, et les guerres n'étant plus que des guerres entre peuples voisins, l'Europe retomba sur elle-même de tout son poids. La misère générale, suite nécessaire des guerres sans fin du quatorzième siècle, provoqua donc partout des haines profondes contre tous ceux qui, dans quelque rang que ce fût, semblaient porter la responsabilité du gouvernement des peuples, et au milieu de ces désordres intérieurs tout frein de l'autorité fut rompu. On a vu comment avaient éclaté à cette époque des soulèvemens populaires contre la noblesse dans toute l'Europe; presque en même temps on commença à se soulever contre les supériorités ecclésiastiques. Deux chapitres de Froissart que je rapprocherai ici feront mieux comprendre l'état des idées de cette époque que ne le feraient des dissertations élaborées aujourd'hui.

« En ce temps, dit-il [1], avoit ung frere mineur plein de grand'clergie et de grand entendement en la cité d'Avignon, qui s'appeloit frere Jean de la Roche-Taillade, lequel frere mineur le pape Innocent VI faisoit tenir en prison au chasteau de Bagnolles, pour les grands merveilles qu'il disoit qui devoient avenir, *mesmement et principalement sur les prelats et presidens de sainte Eglise,* pour les superfluités et le grand orgueil qu'ils demenent, et aussi sur le royaume de France et sur les grands seigneurs de chrestienté pour les oppressions qu'ils font sur le commun peuple. Et vouloit le dit frere Jean toutes ces paroles prouver par l'Apocalypse et par les anciens livres des saints prophetes, qui lui estoient ouverts par la grace du Saint-Esprit, si qu'il disoit; desquelles moult en disoit qui fortes estoient à croire; si en veit-on bien avenir

---

[1] C'est-à-dire en 1360. (Voyez Froissart, livre I, | page 428 de mon édition du *Panthéon.*)

aucunes dedans le temps qu'il avoit annoncé. Et ne les disoit mie comme prophete, mais il les savoit par les anciennes escritures et par la grace du Saint-Esprit, ainsi que dit est, qui lui avoit donné entendement de declarer toutes ces anciennes troubles propheties et escritures, pour annoncer à tous chrestiens l'année et le temps qu'elles doivent avenir. Et en fit plusieurs livres bien dictés et bien fondés de grands science de clergie, desquels l'un fut fait l'an 1356. Et avoit écrit dedans tant de merveilles à avenir entre l'an 1356 et l'an 1370, que trop seroient fortes à croire, combien que on ait plusieurs choses veu venir. »

Ces prédications de la Roche-Taillade vinrent plus tard en mémoire à Froissart en 1385, lors du schisme entre les Clémentins et les Urbanistes.

« Bien sais, dit-il [1], que au temps à venir on s'esmerveillera de telles choses, ni comment l'esglise put cheoir en tel trouble, ni si longuement demeurer; mais ce fut une plaie envoyée de Dieu pour aviser et exemplier le clergé du grand estat et des grands superfluités que ils tenoient et faisoient; combien que les plusieurs n'en faisoient compte, car ils estoient si aveuglés d'orgueil et d'outre-cuidance que chascun vouloit surmonter ou ressembler son plus grand; et pour ce alloient les choses mauvaisement. Et si nostre foi n'eust esté si fort confirmée au humain genre, et la grace du Saint-Esprit qui renluminoit les cœurs desvoiés et les tenoit fermes en une unité, elle eust branlé et croulé; mais les grands seigneurs terriens de qui le bien de commencement vient à l'église, n'en faisoient encore que rire et jouer au temps que je escrivis et chroniquai ces chroniques, l'an de grace 1390. Donc moult de peuple commun s'esmerveilloient comment si grands seigneurs, tels que le roi de France, le roi d'Allemaigne et les rois et les princes chrestiens n'y pourvéoient de remede et de conseil. Or, y a un point raisonnable pour apaiser les peuples et excuser les hauts princes, rois, ducs et comtes et tous seigneurs terriens. Et exemple : néant plus que le mi-œuf de l'œuf ne peut sans la glaire, ni la glaire sans le mi-œuf, néant plus ne peuvent les seigneurs et le clergé l'un sans l'autre; car les seigneurs sont gouvernés par le clergé, ni ils ne sauroient vivre, et seroient comme bestes si le clergé n'estoit. Et le clergé conseille et enorte les seigneurs à faire ce qu'ils font. Et vous dis acertes que, pour faire ces chroniques,

---

[1] Livre III, pages 458 et suivantes de mon | édition dans le *Panthéon littéraire*.

je fus en mon temps moult par le monde, tant pour ma plaisance accomplir et voir les merveilles de ce monde, comme pour enquerir les aventures et les armes lesquelles sont escriptes en ce livre. Si ai pu voir, apprendre et retenir de moult d'estats; mais vraiment, le temps que j'ai couru par le monde, je n'ai vu nul haut seigneur qui n'eust son marmouset (favori), ou de clergé, ou de garçons montés par leurs gengles (bons mots) et par leurs bourdes en honneurs, excepté le comte de Foix; mais cil n'en ot oncques nuls, car il estoit sage naturellement: si valoit son sens plus que nul autre sens que on lui pust donner. Je ne dis mie que les seigneurs qui usent par leurs marmousets soient fous, mais ils sont plus que fous, car ils sont tous aveugles et si ont deux yeux. . . . . Donc en escripvant de ces estats et differends que de mon temps je véois au monde et en l'esglise qui ainsi branloit, et des seigneurs terriens qui se souffroient et dissimuloient, il me alla souvenir et revint en remembrance comment, de mon jeune temps, le pape Innocent VI regnant à Avignon (1352 à 1362), l'on tenoit en prison un frere mineur durement grand cler, lequel s'appeloit frere Jean de Roche-Taillade. Cil clerc, si comme on disoit lors et que j'en ouis parler en plusieurs lieux, en privé et en public, avoit mis hors et mettoit plusieurs autorités et grands et notables, et par especial des incidences fortuneuses qui advinrent de son temps et sont encore avenues depuis au royaume de France. Et de la prise du roi Jean il parla moult bien, et monstra par aucunes voies raisonnables, que l'esglise auroit encore moult à souffrir, pour les grands superfluités que il véoit et qui estoient entre ceux qui le baston du gouvernement avoient. Et pour ce temps de lors que je le vis tenir en prison, on me dit une fois, au palais du pape en Avignon, un exemple que il avoit fait au cardinal d'Ostie que on disoit d'Arras et au cardinal d'Aucerre qui l'estoient allé voir et arguer de ses paroles. Donc, entre les defenses et raisons qu'il mettoit en ses paroles, il leur fit un exemple par telle maniere comme vous verrez oi ensuivant; et ve-le-ci. Ce dit frere Jean de Roche-Taillade :
« Il fut une fois un oiseau qui naquit et apparut au monde sans plumes.
« Les autres oiseaux quand ils le sçurent l'allerent veoir, pour ce
« qu'il estoit si bel et si plaisant en regard. Si imaginerent sur lui, et se
« conseillerent quelle chose ils en feroient, car sans plumes il ne pou-
« voit voler, et sans voler il ne pouvoit vivre. Donc dirent-ils que ils

« vouloient que il vesquesist, car il estoit trop durement bel. Adonc
« n'y ot là oisel qui ne lui donnast de ses plumes; et plus estoient gentils
« et plus lui en donnoient; et tant que cil bel oiseau fut tout empenné et
« commença à voler. Et encore en son volant prenoient tous les oiseaux,
« qui de leurs plumes lui avoient donné, grand'plaisance. Cil bel oiseau,
« quand il se vit si au dessus de plumage et que tous oiseaux l'hono-
« roient, il se commença à enorgueillir, et ne fit compte de ceux qui
« fait l'avoient, mais les becquoit et poignoit et contrarioit. Les oiseaux
« se mistrent ensemble et parlerent de cil oisel que ils avoient empenné
« et cru; et demanderent l'un à l'autre quel chose en estoit bon à faire,
« car ils lui avoient tant donné du leur que il l'avoient si engrandi
« et enorgueilli qu'il ne faisoit compte d'eux. Adonc respondit le paon :
« Il est trop grandement embelli de mon plumage, je reprendrai mes
« plumes. — En nom Dieu, dit le faucon, aussi ferai-je les miennes.
« Et tous les autres oiseaux aussi ensuivant, chascun dit que il repren-
« droit ce que donné lui avoit; et lui commencerent à retollir et à oster
« son plumage. Quand il vit ce, si s'humilia grandement, et reconnut
« ores primes que le bien et l'honneur que il avoit, et le beau plumage,
« ne lui venoient point de lui, car il estoit né au mon denu et privé de
« plumage, et bien lui pouvoient oster ses plumes ceux qui donné lui
« avoient, quand ils vouloient. Adonc leur cria-t-il merci, et leur dit
« qu'il s'amenderoit, et que plus par orgueil ni par bobant n'ouvreroit.
« Encore de rechef les gentils oisels qui emplumé l'avoient en
« orent pitié, quand ils le virent humilier, et lui rendirent plumes
« ceux qui ostées lui avoient, et lui distrent au rendre : Nous te véons
« volontiers entre nous voler, tant que par humilité tu veuilles ouvrer,
« car moult bien y affiert; mais saches, si tu t'en orgueillis plus,
« nous te osterons tout ton plumage et te mettrons au point où nous
« te trouvasmes. — Ainsi, beaux seigneurs, disoit frere Jean aux car-
« dinaux qui estoient en sa presence, vous en adviendra. »

N'y a-t-il pas dans cet apologue, si gracieusement et simplement raconté par un chroniqueur du quatorzième siècle, le germe de toutes
les idées qui, élaborées par Wickleff à la même époque et rallumées
en 1416 au bûcher de Jean Hus et de Jérôme de Prague, devaient éclater au seizième siècle par la voix tonnante de Luther! Seulement à cette
époque il faut remarquer une différence fort notable avec l'époque

suivante, c'est que ce n'étaient plus les classes les plus pauvres et les plus ignorantes qui ouvraient leur cœur à la parole d'une réforme religieuse, présage avant coureur d'une réforme sociale, mais bien les classes les plus intelligentes, les plus riches et les plus éclairées, surtout en France; et c'était en effet aux dépens des classes puissantes, contre lesquelles le peuple s'était soulevé au quatorzième siècle, que le pouvoir royal cherchait sans cesse à s'agrandir et à s'isoler.

En France comme en Allemagne les plus anciennes familles de la noblesse, de la magistrature, de la cité, furent des premières à se ranger sous la bannière de la réforme. Toutes y trouvaient aussi un gage d'indépendance contre les empiétemens de la couronne; tandis que les vieilles croyances trouvaient maintenant leur appui dans les rangs les plus humbles de la démocratie, entraînée par le trône dans une ligue commune. Une milice nouvelle, celle des jésuites, avait surgi à la suite de la réforme, en 1540, pour prêter aide à deux pouvoirs dangereux à posséder, une monarchie absolue et une Église sans contrôle. Cette lutte entre deux intérêts puissans, d'une part celui de l'aristocratie, qui réclamait l'affranchissement de toute autorité supérieure dans les idées, peut-être dans l'espoir de la ressaisir dans les choses; d'une autre part celui de la monarchie absolue alliée à la démocratie et à la papauté, qui toutes deux redoutaient également le trop grand ascendant des classes aristocratiques, compose toute l'histoire du seizième siècle. Après avoir soutenu les luthériens en Allemagne et encouragé les lettres, à l'exemple de l'Italie, François Ier avait fini par assister au supplice des luthériens, condamnés au feu à Paris par sentence du Châtelet, par supprimer, le 13 janvier 1534, les imprimeries dans toute la France, et par interdire, *sous peine de mort*, la publication de tout ouvrage nouveau. Les passions étaient trop profondément enracinées pour qu'aucun supplice pût les comprimer; il leur fallait un champ de bataille pour user leurs forces. Les princes les plus rapprochés du trône se mirent à la tête des armées protestantes d'une part, et de l'autre la Saint-Barthélemy fut dirigée par le roi, bénie par le pape, exécutée par le peuple. Enfin, après des combats acharnés, le protestantisme et l'aristocratie furent ensevelis dans leur triomphe; car Henri IV, vainqueur de la ligue, avait compris la nécessité de se faire le souverain des vaincus, qui formaient le grand nombre, et non du petit nombre de ses amis vainqueurs;

et cette habileté d'Henri IV assura sa restauration et fonda véritablement cette monarchie absolue que Louis XIV devait élever à son
plus haut degré de puissance et d'éclat, et qui devait s'éteindre avec
Louis XVI dans la résistance d'une monarchie sans contre-poids contre
la volonté populaire, pour commencer un nouvel ordre social et
politique et une nouvelle domination, celle des intérêts généraux,
entraînant dans leur puissant orbite la soumission de tous les intérêts
spéciaux, monarchiques aussi bien qu'aristocratiques.

L'habileté déployée ici par Henri IV pour mettre un terme à ces
désordres civils du seizième siècle m'a toujours semblé contraster
d'une manière bien frappante avec l'inhabileté montrée par ses descendans dans des circonstances presque semblables. Je m'exprimais
ainsi à ce sujet dans une dédicace à mon ami M. de Rotteck :

« En lisant la chronique de Palma Cayet que je vous adresse, lui
disais-je ¹, chronique dépouillée de tout ornement et qui intéresse
uniquement par la vérité des faits, vous serez peut être ramené quelquefois à un sujet qui s'est souvent présenté dans nos conversations,
parce qu'il agissait vivement sur notre vie à tous deux, je veux parler
de l'intelligence profonde avec laquelle Henri IV a opéré sa restauration, la seule heureuse restauration que nous offre l'histoire, et de
l'inintelligence non moins profonde avec laquelle s'est opérée la restauration bourbonnienne. Vous verrez Henri IV arrivé au pouvoir
devenir le souverain de ses peuples vaincus et, comme lui reprochaient
ses amis protestans, vainqueurs avec lui, *gratifier plus ses ennemis que
ses serviteurs*, sans jamais permettre cependant que leurs garanties
à eux fussent diminuées; vous verrez les Bourbons suivre une conduite
opposée, sacrifier le pays à leurs anciens serviteurs et, au lieu de les
éloigner, avec toute garantie et protection, d'une action qu'ils ne savaient
pas manier, leur attribuer la domination universelle. Vous verrez
Henri IV tenir les protestans dans son affection, mais hors du gouvernement public, et raffermir son trône; vous verrez les Bourbons
appeler le clergé catholique, le plus rebelle à nos habitudes nouvelles,
lui attribuer le gouvernement, et tomber. Vous verrez enfin l'édit de
Nantes accordé par Henri IV à ses amis triomphans fidèlement main-

¹ Dédicace de la chronique de Palma-Cayet. (dans le *Panthéon Littéraire.*

tenu, et dans les mêmes circonstances l'édit de Saint-Ouen, accordé à des peuples sur lesquels on n'avait pas du moins ressaisi, comme Henri IV, le *droit de conquête*, froissé, torturé, violé, anéanti. La gloire de l'un et la chute des autres nous donnent de ces enseignemens qu'aime à proclamer l'histoire. »

Si, durant le cours de ces guerres religieuses et sociales qui déchirèrent la France depuis François Ier jusqu'à Henri IV, on a de grands malheurs à déplorer, tous les sacrifices ne furent pas perdus, et quelque lumière brille au milieu de ces ténèbres, quelque gloire au milieu de cette honte, quelque vertu au milieu de ces crimes. Les caractères se retrempèrent d'une force nouvelle; les études se répandirent et s'améliorèrent; la langue apprit à s'élever aux discussions les plus graves et à aiguiser la plaisanterie la plus mordante et la plus concise. Regnier de La Planche et les auteurs de la *Satyre Ménippée* annonçaient déjà ce que pourrait être la langue des orateurs sacrés, et celle des *Lettres provinciales* et de Molière. Toutes les idées étaient comprises et discutées. Les divers mémoires publiés dans cette série du seizième siècle par des gens d'affaires et du monde pourraient en fournir mille preuves; il me suffit de citer les La Planche, les Lanoue, les de Thou, les Mont-Luc, les d'Aubigné et tant d'autres, pour que l'on comprenne à l'instant même sous quels points de vue divers se présentait alors l'intelligence humaine, et quel immense avenir elle embrassait dans ses espérances. Je me contenterai de puiser quelques exemples çà et là dans les mémoires d'un homme qui n'est pourtant, cité pour la profondeur et la variété de ses aperçus, dans aucun de nos livres modernes, bien qu'il mérite d'être placé au premier rang des penseurs et souvent des écrivains, quelque bizarrerie qu'il y ait quelquefois dans sa pensée et dans le vêtement qu'il lui donne; c'est le vicomte Jean de Saulx Tavannes, auteur des mémoires de son père Gaspard de Saulx Tavannes[1].

Ses idées sur la noblesse de race et sur les mésalliances étaient fort rapprochées de celles de Saint-Simon :

« La noblesse, dit-il, est issue d'Abel et des enfans de Noé, les plébéiens de Caïn et des serviteurs de Noé sortis de l'arche. »

La pureté et la suprématie de la noblesse est le seul point sur lequel

---

[1] Voyez ces mémoires dans la collection du | *Panthéon Littéraire*. |

Saulx Tavannes n'entende pas raison; surtout le reste, son intelligence est large et haute et en avant de tout ce qui s'est fait depuis. Jamais esprit ne fut plus prime-sautier.

Veut-on une preuve de ses lumières en fait de foi religieuse :

« La religion, dit-il, gist en créance, qui ne peut estre fixée que par raison, non par flammes.

« Le pape et les rois ne peuvent donner absolution de la foi violée, ainsi qu'ils ne peuvent donner la reputation.

« Les peuples seroient excités beaucoup plus à devotion s'ils estudioient en leur langue les chants des prestres et psaumes qui se disent dans l'eglise. »

En legislation, sa manière de voir n'est pas moins large. Il devance de plus de deux cents ans l'idée du Code Napoléon :

« Semble, dit-il, que les roys de France se defient de leur autorité, n'ayant osé toucher aux coustumes du pays, duquel il faudroit assembler et brusler les coustumiers, les gloses, les chicaneries romaines, et ne laisser que cinquante feuillets de papier où seroit contenu tout le droict, du moins les regler tous au droit escrit. »

Ailleurs il se déclare contre les tribunaux extraordinaires :

« Les jugemens des criminels par commissaires, qui sont des personnes choisies selon la passion des rois, sont tyranniques, et les conseillers tirés des cours du parlement qui y sont employés offensent leur conscience en se meslant de ce qui ne leur appartient pas. Ils sont blasmés comme leurs maistres, soupçonnés de corruption ou de vengeance par leur eslection. Les juges des François sont les parlemens. Le roy, estant partie en crimes de leze-majesté et en autres, ne peut equitablement changer les juges ordinaires. C'est une extreme meschanceté que telles gens condamnent, à peine de conviction, de respondre devant eux . . . . Les rois nous doivent la justice. Nos juges sont les cours souveraines. C'est mal fait de faire le procès des hommes par commissaires, vraie marque de tyrannie, sortant leurs sujets de leurs juges ordinaires, sans que les protestations et taciturnité leur puissent servir, puis qu'il leur est commandé de respondre, sous peine de conviction; ce qui est violer les lois et de quoi les souverains sont responsables devant Dieu, ces commissaires estant un temoignage qu'il n'y a preuve suffisante contre ceux qu'ils veulent perdre. »

Ailleurs : « C'est l'honneur de plaider et juger. Les seigneurs romains s'en sentoient honorés. Sotte est l'opinion des brutaux que les présidens et conseillers ne sont des gentilshommes. Plusieurs sont de ceste qualité, et c'est estre vraiment noble que de faire la justice; ce sont eux qui ont puissance sur les biens et la vie des autres. C'est estre serf que d'estre d'ung estat privé de judicature, qui est marque de superiorité et de souveraineté. »

Il se prononce avec fermeté contre le maintien de la torture et des peines atroces :

« Les gehennes sont cruelles ou incertaines, dont la seule crainte fait advouer le crime non commis. Plusieurs coupables la soutiennent, se justifient par patience et tolerance. . . . . . S'il réussit un bien de ces cruautés, il en réussit deux maux. J'advouerois, pour l'eviter, ce à quoi je n'aurois jamais pensé. . . . . Le plus grand supplice devroit estre de couper la teste. »

Ses opinions sur les ordres et récompenses publiques seraient encore utiles à méditer :

« Les ordres, dit-il, sont une invéntion pour recompénser les hommes sans despens du public. Tous les rois faillent qui pourvoient à ces ordres les princes de leur sang et les plus riches, au lieu qu'il n'y devroit estre reçu que les plus vaillans. Mesme Leurs Majestés ne les devroient porter que l'ayant bien merité en bataille. Ce n'est une marque de richesse ni de maison illustre, mais de valeur. Ces ordres ne se devroient donner que par l'advis de tous les chevaliers, après avoir debattu leurs merites. »

Il se montre partout fort indépendant dans son jugement sur l'autorité royale et ses prérogatives :

« Les rois, dit-il, sont créés pour servir aux peuples, qui peuvent estre sans rois, et non les rois sans peuples.

« Les rois ne sont créés ny assistés des peuples pour servir à leurs voluptés; au contraire, les peuples les eslisent pour tirer du bien et commodité d'eux.

« Heureux qui ne cognoit les rois! plus heureux ceux qu'ils ne cognoissent pas! Très heureux ceux qui en sont eloignés et ne les voient jamais! Combien seroient les diademes desdaignés s'ils estoient cognus! Combien qui y sont montés voudroient estre au pied de l'arbre! Henri III souhaitoit avoir dix mille livres de rente et vivre en paix. S'il y eut jamais un temps pour mépriser les grandeurs, c'est celui où nous avons vescu. »

Il ne s'aveugle jamais sur les droits et les pensées populaires :

« Heureux sont, dit-il, les Castillans et les Anglois, au pays desquels il ne s'impose rien sans leur consentement! Les François feroient beaucoup pour eux, si doucement ils se pouvoient reglisser à ce privilege dont ils ont joui et qui leur estoit conservé par les assemblées d'estat qui estoient gardiennes du bien public.

« Les assemblées d'estat doivent estre procurées generalement de tout le peuple et non des particuliers princes et seigneurs, qui ne desirent ces assemblées que pour leur interest, auquel estant satisfait, ils abandonnent le public.

« Les ecclesiastiques et les nobles cognoissent que si quelque estat avoit à emporter la domination, ce seroit le peuple, parce qu'ils tiennent les villes et qu'ils sont douze contre un ; ce qui advenant, et le gouvernement populaire estant en puissance, les prééminences et privileges des ecclesiastiques et des nobles seroient mis en controverse, les faveurs et dons des rois perdus, parce que les peuples veulent expressement l'egalité. »

Si on voulait recueillir dans les mémoires de Tavannes toutes les pensées neuves, ingénieuses, et les ranger par ordre de matière, on pourrait faire un vrai livre de maximes dignes d'être placé à côté de celui de Pascal lui-même pour l'indépendance de la pensée et quelquefois même pour l'originalité de l'expression. En voici trois exemples qui suffiront, je pense.

« Peu sert en France de sçavoir les batailles et assauts, qui ne sçait la cour et les dames.

« La reine demanda un jour au sieur de Tavannes comment elle sauroit le cœur de la reine de Navarre. Il se rit et respondit : « Entre « femmes, mettez-la en colere et ne vous y mettez point, vous ap- « prendrez d'elle, non elle de vous. »

« Les François, imitateurs des singes, montent de branche en branche, et à la plus haute monstrent le derriere. Plusieurs, sans y penser se perchent si haut qu'ils ne peuvent descendre. »

Je terminerai par une dernière citation qu'on ne saurait lire sans étonnement, en pensant que le projet d'agrandissement du Louvre et de la France qu'il mentionne a été, pour ainsi dire, littéralement mis à exécution par Louis XIV et par Napoléon, comme s'il n'y eût eu qu'à suivre le plan tracé par Henri IV et par Tavannes.

« Si le roy Henry IV eust vescu, dit-il [1], aymant les bastimens comme il faisoit, il pouvoit en faire un remarquable, achevant le corps de logis du Louvre dont le grand escalier ne marque que la moitié, et au bout d'iceluy faire une mesme galerie que celle qui est à la sortie de sa chambre, en tirant vers Saint-Honoré, et depuis à faire une pareille galerie que celle qui regarde sur la riviere, qui allast finir entre le pavillon des Tuileries qui n'est pas fait et l'escuyrie, et au lieu de galerie s'y pourroit construire des logis pour loger les ambassadeurs; et ruynant toutes les maisons entre les deux galeries, le Louvre et les Tuileries, se fust trouvée une grande cour admirable et au regard de la cour du Louvre. L'autre moitié du corps de logis au costé de l'escalier estant faicte, faire un pareil corps de logis que celuy où loge la royne, et au costé du portail proche du jeu de paume faire une grande terrasse de la quelle pourroit descendre par degrés, comme d'un théâtre; les degrés de çà que de là du portail qui seroit au mitan, contiendroient en longueur les deux tiers de la terrasse; oster la chapelle de Bourbon et tous les bastimens qui sont entre le Louvre et Sainct Germain l'Auxerrois, qui seroit la bienséance de la chapelle des rois; et se pourroit laisser la salle de Bourbon, sans y toucher, se contentant de ceste grande place qui seroit depuis le Louvre à Sainct. Germain. Mais, à la vérité, pour faire de tels bastimens, *il faudroit que le roy de France fust au moins seigneur de tous les Pays Bas, en bornant son estat de la riviere de Rhin, ocupant les contés de Ferrette, de Bourgogne* (Franche-Comté) *et Savoie, qui seroient les limites devers les montagnes d'Italie, et d'autre part le comté de Roussillon et ce qui va jusques proche des Pyrénées.* »

Je m'arrête ici, croyant avoir suffisamment prouvé tout le fruit qu'on peut retirer de la lecture de nos vieux auteurs de chroniques et mémoires, et tout le charme qu'offre cette lecture. Quelques lecteurs sauront sans doute, en méditant sur tant de faits curieux, se frayer une

---

[1] Page 400 de mon édition dans le *Panthéon.*

voie sûre vers les vérités passées, pour marcher d'un pas plus ferme à la solution des problèmes nécessaires à notre société moderne. Mais ce n'est pas seulement pour de tels hommes et pour de tels travaux qu'il est indispensable de se rendre familière la connaissance des temps qui ont précédé le nôtre, la société entière a besoin de connaitre les exemples à fuir, les modèles à éviter. Et comme je l'ai dit ailleurs [1] : « Ce ne sont pas seulement les individus, mais les peuples eux-mémes qui sont appelés à profiter de ce grand enseignement. Le passé agit sur nous comme à notre insu pour troubler notre jugement quand il est peu connu ou défiguré, et pour le fortifier quand il est présenté sous son vrai point de vue ; et on peut dire, sans crainte d'être démenti, que les fausses notions ou les faux points de vue sur le passé ont eu sur les événemens politiques une influence plus souvent funeste que les passions mêmes des hommes. »

[1] Voyez le volume de Palma-Cayet.

CHRONOLOGIE

DES AUTEURS ET DES FAITS

CONTENUS

DANS LA COLLECTION DES CHRONIQUES ET MÉMOIRES

DU

PANTHÉON LITTÉRAIRE.

ÉVÉNEMENS **|** IMPORTANS

DE NOTRE HISTOIRE NATIONALE **|** DEPUIS LE TREIZIÈME SIÈCLE

DÉVELOPPÉS PAR DES ÉCRIVAINS CONTEMPORAINS **|** DANS LA COLLECTION DES CHRONIQUES ET MÉMOIRES

DU PANTHÉON **|** LITTÉRAIRE.

Nº des vol.	NOMS DES AUTEURS.	DATE DE LEUR NAISSANCE.	TITRE DE LEURS OUVRAGES.
Discours préliminaire.	J.-A.-C. Buchon		Esquisse des principaux faits de nos annales nationales du treizième au dix-septième siècle, tels qu'on peut les suivre dans les chroniques et mémoires contemporains, recueillis dans le Panthéon littéraire.
Introduction I.	J.-A.-C. Buchon		Recherches et matériaux pour servir à une histoire de la domination française dans les provinces démembrées de l'empire grec, à la suite de la quatrième croisade.
Introduction II.	Geoffroy de Ville-Hardoin	Né en 1164, mort en 1213.	Chronique de la conquête de Constantinople.
	Henri de Valenciennes	Vivait au treizième siècle.	Continuation de la Chronique de Geoffroy de Ville-Hardoin, extraite des mémoires d'Henri de Valenciennes.

ÉVÉNEMENS DÉCRITS DANS CES DIVERS OUVRAGES.	DATE des faits.	INDICAT. de la page.
Tableau du XIIIe siècle et citations puisées dans Ville-Hardoin, la Chronique de Morée, Joinville, Montaner, d'Esclot.		4
Tableau du XIVe siècle et citations puisées dans Froissart et la Chronique de Du Guesclin.		51
Tableau du XVe siècle et citations puisées dans Georges Chastelain, les interrogatoires de la Pucelle, etc., etc.		62
Tableau du XVIe siècle et citations puisées dans la chronique de Bayard, Souis-Tavannes, Régnier de la Planche, etc., etc.		72
Établissemens de la domination française dans l'empire de Constantinople, dans le royaume de Salonique et dans divers duchés démembrés de l'empire grec en Europe et en Asie, à la suite de la croisade de Constantinople	1204	1 à 70
Établissement de la principauté française de Morée	1205	70
Suite des princes français de Morée; éclaircissemens historiques, généalogiques et numismatiques sur la Morée française, depuis Geoffroy de Ville-Hardoin; répartition des fiefs	1210	74
Geoffroy de Ville-Hardoin introduit en Achaïe les Assises de Jérusalem	1210	171
Seigneurie directe d'Achaïe et ses mutations	1210	175
Prétendans à la principauté d'Achaïe de la maison de Savoie	1301	710
Descendans de la maison de Sicile-Anjou	1344	799
les douze pairies relevant de la principauté française de Morée : 1e Duché d'Athènes; 2e duché de Naxos; 3, 4 et 5e baronnies de Négrepont; 6e comté palatin de Céphalonie; 7e baronie de Calavryta; 8e baronie de Passava; 9e marquisat de Bodonitsa; 10e baronnie de Caritena; 11e baronnie de Patras; 12e baronnie de Matagrifon	1210	314 à 366
Établissement des chevaliers hospitaliers de Saint-Jean de Jérusalem à Rhodes	1310	366
Sur l'île de Chypre et sur les rois de la maison Lusignan, jusqu'à la bataille de Lépante	1192 à 1571	397 à 415
Chansons composées par les Croisés français de Constantinople	1200	419 à 426
Marchés conclus par saint Louis avec les Génois pour les vaisseaux nécessaires à son armée d'outre-mer	1268	427 à 434
Lettre de l'évêque de Tunis à Thibaut de Champagne, sur la mort de saint Louis à Tunis	1270	444
Extrait des annales byzantines relatifs aux événement qui suivirent l'établissement des Français après la quatrième croisade	1204 à 1300	445 à 461
Traité d'alliance conclu à Nymphée entre l'empereur Michel Paléologue et les Génois	1261	462
Prédication de la quatrième croisade	1198	33
Prise de Zara par les Croisés français et les Vénitiens	1203	54
Prise de Constantinople et élection de Baudoin	1204	95 à 103
Établissement des Français dans diverses provinces de l'empire grec	1204	115
L'empereur Henri marche contre les Bulgares et les débit	1207	175
Il donne sa fille en mariage au roi des Bulgares		242
Il marche contre Théodore Lascaris en Asie		182
Il marche sur Salonique pour obtenir l'hommage du jeune roi Demetrius, fils du marquis Boniface de Mont-Ferrat		184
Le comte de Biandrate, banc du royaume de Salonique et tuteur du jeune roi, refuse cet hommage		187
L'empereur convoque tous les grands de l'empire à un parlement à Ravennique		205
Geoffroy de Ville-Hardoin, alors bail en Morée, et Othon de la Roche, seigneur d'Athènes, se rendent au parlement de Ravennique		
L'empereur Henri vient à Thèbes et à Négrepont, fait céder le comté de Biandrate et le confirme comme bail du royaume de Salonique sous le jeune Demetrius, qu'il avait fait couronner	1208	208
Michel l'Ange Comnène, seigneur de Corinthe, fait sa paix avec l'empereur Henri		210

N° des vol.	NOMS DES AUTEURS.	DATE DE LEUR NAISSANCE.	TITRE DE LEURS OUVRAGES.
1er volume.	DOROTHÉE	Archevêque de Monembasie au dix-septième siècle.	Livre historique, écrit en prose grecque.
	TIMOGULE	Vivait au quatorzième siècle.	Ambassade à Andronic Paléologue.
	ANONYME GREC	Vivait au quatorzième siècle.	Chronique de Morée, texte grec inédit, avec une traduction française.
	RAMON MUNTANER	Né en 1265, mort en 1336.	Chronique des rois d'Aragon, traduite de nouveau du catalan.
	BERNARD D'ESCLOT	Vivait à la fin du treizième siècle.	Chronique du roi Pierre d'Aragon, texte catalan inédit.
	ANONYME SICILIEN	Vivait à la fin du treizième siècle.	Chronique de Prochyta, traduite du sicilien.

ÉVÉNEMENS DÉCRITS DANS CES DIVERS OUVRAGES.	DATE des faits.	INDICAT. de la page.
Conquête de la Morée par Geoffroy de Ville-Hardoin et Guillaume de Champ-Litte	1205	XVIII
Départ de Champ-Litte pour la France et partage des fiefs avant son départ	1209	XX
Il envoie son cousin Hubert de Champagne, qui est éliminé		XXIII
Geoffroy 1er de Ville-Hardoin devient prince de Morée	1210	
Règne de Geoffroy II, son fils aîné	121X	XXV
Règne de Guillaume 1er, fils puîné de Geoffroy 1er, et bataille de Castoria en Pélagonie	1248 à 1259	XXXVII
Répudiation d'Isabelle de Ville-Hardoin, femme de Louis d'Anjou	1278	XLI
Elle épouse Florent de Hainaut	1290	XLII
Théodore, ou Thomas Magister, en faisant l'éloge d'un chef thessalien nommé Chandrinos, décrit l'expédition des Catalans dans la vallée de Tempe	1310	LXII
Conquête de Constantinople par les Croisés français	1204	5 à 34
Conquête de Morée par Guillaume de Champ-Litte et Geoffroy de Ville-Hardoin	1205	32
Distribution des fiefs de Morée entre les Français	1709	43
Geoffroy 1er de Ville-Hardoin devient prince de Morée	1210	46
Geoffroy II épouse une fille de Pierre de Courtenai, fait adopter en Morée les Assises de Jérusalem et frappe monnaie	1211	59 à 64
Guillaume de Ville-Hardoin est fait prisonnier à Castoris	1259	66
Guy de La Roche, seigneur d'Athènes, envoyé en France par le prince Guillaume, est créé duc d'Athènes par saint Louis	1260	82
Guillaume de Ville-Hardoin, voyant Baudoin II chassé de Constantinople et Michel Paléologue devenu empereur, lui cède pour sa rançon trois places fortes en Morée qui deviennent l'origine du despotat grec de Misithra	1262	109
Charles d'Anjou devenu roi de Naples	1265	132
Guillaume de Ville-Hardoin marie sa fille aînée Isabelle à Louis-Philippe, fils puîné de Charles d'Anjou, et lui cède la Morée au roi de Naples	1269	151
Guillaume va à Naples au secours de son allié Charles d'Anjou contre Conradin, et assiste à la bataille de Tagliacozzo	1283	163
Isabelle, fille du prince Guillaume, épouse en secondes noces Florent de Hainaut	1291	182
Gautier de Brienne, successeur, en 1308, de son oncle Guy II de La Roche au duché d'Athènes, est tué dans une bataille contre les Catalans, qui s'emparent du duché d'Athènes sur les Français	1309	169
Conquête de la Sicile par Charles d'Anjou	1265	244
Vêpres siciliennes	1282	253
Pierre, roi d'Aragon, qui avait épousé une fille de Mainfroi, accourt au secours des Siciliens et est proclamé roi	1769	257
Charles d'Anjou et Pierre d'Aragon se défient à un duel de cent contre cent à Bordeaux	1848	275 à 286
Invasion d'Eustache de Beaumarchais, gouverneur de Navarre, en Aragon	1563	320
Après de nombreux avantages sur mer, l'amiral Roger de Loria fait prisonnier le fils de Charles d'Anjou	1384	322
Le pape excommunie Pierre d'Aragon, met son royaume en interdit, et donne la royauté d'Aragon à Charles de Valois, second fils de Philippe-le-Hardi	1888	311
Philippe-le-Hardi envahit la Catalogne avec une puissante armée	1285	332 à 335
Après une campagne désastreuse, Philippe-le-Hardi meurt avant sa rentrée en France	1285	336
La paix étant rétablie en Sicile, la grande compagnie catalane s'engage au service d'Andronic, avec Roger de Flor et Raimon Muntaner; elle ravage la Grèce et, traversant la Macédoine et la Thessalie, attaque Gautier de Brienne, duc d'Athènes, le tue et s'empare du duché d'Athènes sur les Français	1301 à 1305	411 à 477
Isabelle de Ville-Hardoin épouse Philippe de Savoie et quitta la Morée après avoir essayé vainement de la posséder	1301 à 1310	404
Marguerite, sœur d'Isabelle et épouse d'un des Baux, comte d'Andria, va en Sicile et marie sa fille Isabelle avec Fernand de Majorque, qui en a un fils, Jacques de Majorque	1341	547
Cet enfant, qui était un des prétendans à la principauté de Morée, est confié par Fernand à Muntaner, qui le transporte à son grand-père à Perpignan	1343	514
Fernand part pour la Morée et la sur engagement avec Louis de Bourgogne, qui venait d'y arriver aussi avec sa nouvelle épouse la princesse Mahaut; les deux concurrens meurent à peu de jours l'un de l'autre	1315	513
Le pays fait don à Charles d'Anjou du royaume de Sicile	1862	607
Conradin est exécuté	1765	611
Vêpres siciliennes	1782	628
Les Siciliens invoquent l'assistance de Pierre d'Aragon, mari de Constance, fille de Mainfroi	1791	632
Le roi Pierre d'Aragon débarque en Sicile et est proclamé roi	1791	635
Charles d'Anjou et Pierre d'Aragon se défient à un duel à Bordeaux de cent contre cent	1283	642
Excursion d'Eustache de Beaumarchais en Aragon	1343	604
Roger de Loria fait une guerre acharnée par mer aux Napolitains et aux Provençaux, ravage la côte, livre un combat dans le port même de Naples, et fait prisonnier le fils aîné du roi Charles d'Anjou	1291	667
Le roi Philippe-le-Hardi envahit la Catalogne pour faire placer sur le trône d'Aragon son second fils Charles de Valois, à qui le pape avait donné la couronne d'Aragon après la sentence d'interdit lancée par lui contre Pierre	1782	663
Philippe passe le col de Panissars	1785	665
Ses premiers succès sont suivis de grands revers par terre et par mer	1285	701 à 720
Mort de Philippe-le-Hardi à Perpignan	1754	727
Prochyta, mécontent de la domination française sur la Sicile, va trouver Michel Paléologue, qui redoutait une invasion de Charles d'Anjou, en obtient de l'argent pour payer des troupes et va en Aragon pour déterminer Pierre d'Aragon à faire valoir les droits de sa femme. — Vêpres siciliennes. — Arrivée de Pierre d'Aragon en Sicile. — Affaire du duel entre les deux souverains	1181	122 à 199

N° des vol.	Nom des auteurs.	Date de leur naissance.	Titre de leurs ouvrages.
2e volume.	Jean Froissart..........	Né l'an 1337, mort en 1410......	Chroniques de France et d'Angleterre.
3e volume.			
4e volume.	Anonyme..........	Au commencement du quinzième siècle.	Livre des faits de Jean le Maingre dit Boucicaut.
5e volume.	Anonyme..........	A la fin du quatorzième siècle....	Chronique de sire Bertrand Du Guesclin.
	Cabaret d'Orville..........	Vivait au quinzième siècle......	Vie de Louis, duc de Bourbon.

Événements décrits dans ces divers ouvrages.	Date des faits.	Indicat. de la page.
Philippe de Valois marche contre les Flamands et les défait à Cassel.	1327	39
Édouard prête hommage à Philippe de Valois à Amiens.	1329	44
Robert d'Artois, chassé de France, se réfugie à Bruxelles, puis en Angleterre.	1331 à 1334	45 à 49
Édouard III se dispose à réclamer la couronne de France et s'allie dans l'empire.	1337	54 à 64
Les Flamands l'engagent à prendre sur-le-champ le titre et les armes de roi de France.	1340	73
Débats sur la succession de Bretagne entre le comte de Montfort et Charles de Blois.	1341	171
Geoffroy d'Harcourt, banni de France, se réfugie en Angleterre et engage Édouard à passer en Normandie.	1346	207
Invasion de la France par Édouard et bataille de Crécy.	1346	207 à 213
Siège et prise de Calais.	1347	261 à 273
Combat des Trente en Bretagne.	1350	294
Invasion du prince de Galles en Poitou, et bataille de Poitiers; le roi Jean est fait prisonnier et emmené en Angleterre.	1356	334 à 369
Brigandages des routiers et soulèvement de la Jacquerie; les Jacques sont tués par le comte de Foix.	1358	373 à 377
Les compagnies défont Jacques de Bourbon et sont emmenées par le marquis de Mont-Ferrat en Lombardie.	1362	453 à 460
Bertrand du Guesclin est envoyé en Espagne avec les compagnies.	1365	501
Il est fait prisonnier par le prince Noir et rançonné.	1367	537 à 543
Le prince de Galles est ajourné au parlement de Paris, et la guerre recommence.	1368	500
Du Guesclin est fait connétable, et le prince de Galles, malade, retourne d'Aquitaine en Angleterre.	1370	621 à 625
Les seigneurs de Haute-Gascogne se mettent en l'obéissance de la France.	1374	490
Plusieurs places sur la Dordogne se rendent aux Français.	1377	6
Ravages des routiers en Auvergne.	1378	35
Les routiers en Italie.	1379	61 à 68
Soulèvement des communes en Angleterre.	1381	156 à 162
Soulèvement des Gantois contre leur comte; Philippe d'Artevelle est chargé du commandement.	1382	193 à 204
Le roi de France marche au secours du comte de Flandre; bataille de Rosebecque.	1382	237 à 243
Les Français et Écossais entrent en Angleterre.	1385	329
Voyage de Froissart chez le comte de Foix et description de sa cour et de l'état du pays.	1388	389 à 494
Affaires de Portugal.	1384	472
Affaires d'Écosse; querelles entre les Percy et les Douglas; bataille d'Otterbourne.	1388	799
Froissart accompagne l'héritière de Boulogne à son retour en France avec son mari le duc de Berry.	1388	539
Joutes de Saint-Inglevert.	1389	48
Expédition de Louis, duc de Bourbon, en Afrique.	1390	57 à 93
Charles VI est saisi d'une attaque de folie.	1392	159
Froissart va en Angleterre et se fait raconter l'expédition d'Irlande.	1394	197 à 227
Bataille de Nicopolis, où Jean de Bourgogne est fait prisonnier, puis mis à haute rançon.	1395	241 à 318
Troubles en Angleterre et déposition de Richard II.	1399	343 à 367
Boucicaut accompagne le comte de Nevers au siège de Nicopolis.	1395	500
Boucicaut est envoyé par le roi de France contre les Turcs au secours des Grecs.	1399	601
À son retour il fonde l'ordre de la Dame-Blanche à l'Écu-Vert, pour la défense des dames.	1400	609
La ville de Gênes se donne au roi de France, qui y envoie Boucicaut en qualité de gouverneur.	1387 à 1402	614 à 620
Boucicaut part de Gênes pour aller au secours des établissements génois de Chypre contre le roi de Chypre.	1401	628
Il fait une expédition en Turquie.		624
Il prépare une expédition contre Alexandrie.	1407	660
Le maréchal revient de Gênes à Paris.	1408	669
Du Guesclin fait ses premières armes dans la querelle entre Jean de Montfort et Charles de Blois.	1341	5
Bataille de Poitiers.	1356	7
Bataille de Cocherel.	1364	13
Bataille d'Auray.	1364	21
Ravages des grandes compagnies.	1361	30
Du Guesclin les mène en Espagne au secours d'Henri de Transtamare contre Pierre-le-Cruel.	1366	31 à 40
Bataille de Najara.	1367	44
Du Guesclin est mis à rançon par le prince Noir.	1368	54 à 58
Bataille de Montiel entre Henri et Pierre-le-Cruel.	1370	63
Du Guesclin retourne en France et est nommé connétable.	1370	67 à 70
Mort de Chandos.	1370	70
Succès de Du Guesclin contre les Anglais.	1372	78 à 91
Mort de Du Guesclin à Château-Neuf-Randon et son enterrement à Saint-Denis.	1380	93 à 95
Le duc Louis de Bourbon fut envoyé en otage en Angleterre pour le roi Jean.	1356	103
Défaite des Anglais à Brétuire.	1364	118
Le duc de Bourbon s'empare des îles de Jersey et de Guernesey.	1373	118
Siège de Belle-Perche.	1372	108 à 138
Voyage du duc de Bourbon en Espagne.	1370	146
Mort de Du Guesclin.	1380	150
Désintéressement chevaleresque de Chanel Nereul.	1381	153
Bataille de Rosebecque.	1382	158
Second voyage du duc de Bourbon en Espagne.	1383	161
Fêtes données par Gaston Phébus au duc de Bourbon à son retour par Orthez.	1383	166

N° des vol.	NOMS DES AUTEURS.	DATE DE LEUR NAISSANCE.	TITRE DE LEURS OUVRAGES.	ÉVÉNEMENTS RELATÉS DANS CES DIVERS OUVRAGES.	DATE des faits.	INDICAT. de la page.
Suite du 9e volume.	Suite de CABARET D'ORRONVILLE.			Entreprise du voyage d'Afrique par le duc de Bourbon	[illegible]	173 à 191
				Le duc de Bourbon envoie deux fois en Morée Jean de Chastel-Morant pour sonder la disposition des feudataires du pays sur la reconnaissance des droits du duc à la principauté d'Achaïe ou de Morée, en vertu de la cession de Marie de Bourbon ; Chastel-Morant lui apporte l'adhésion du seigneur d'Arcadie; projet du duc de Bourbon d'aller prendre la saisine de la principauté de Morée et de celle du royaume de Chypre, qu'il réclamait également comme sien	[illegible]	199
				Mort de Louis de Bourbon	1410	207
	CHRISTINE DE PISAN	Née en 1363, morte après 1420	*Livre des faits du sage roy Charles V*	Christine fait l'apologie des vertus de Charles V, qu'elle divise en trois parties : *Noblesse de courage, Chevalerie et Sagesse*, et fait entrer dans cette division sa vie, conditions, mœurs, ordre de vivre et faits particuliers	1364 à 1380	211
				De son ordre de chevauchier		220
				De la distribution des revenus de son royaume		223
				De la discipline de ses enfans		226
				Il prend la résolution de se débarrasser d'abord des grandes compagnies en les envoyant hors de France		242
				Il défie le roi d'Angleterre; manière dont il menait la guerre sans y aller en personne		243 à 244
				Des frères du roi		244
				Du Guesclin est nommé connétable		250
				Alliances nombreuses entretenues par le roi Charles		261
				Marine du roi Charles		271
				Son amour des sciences, des lettres et des arts		280
				Des traductions qu'il fit faire		284
				Ses encouragements à l'Université de Paris		297
				Son bon accueil aux visiteurs étrangers		[illegible]
				Du schisme entre Barthélemy et Clément		307 à 312
	JUVÉNAL DES URSINS	Né en 1388, mort en 1473	*Histoire de Charles VI*	Mort de Charles V et couronnement de Charles VI	1380	332
				Révoltes à Rouen contre les aides	1381	333
				Voyage du duc d'Anjou à Avignon et à Naples, où il se fait nommer roi	1382	335
				Bataille de Rosebecque	1382	336 à 341
				Le roi de France à son retour punit les rébellions en France	1382	343
				Le duc Philippe de Bourgogne succède au comté de Flandres	1383	346
				Duel entre Carrouge et Le Gris	1386	356
				Entrevue de Charles VI et de Gaston Phébus, comte de Foix	1389	365
				Le roi donne le duché d'Orléans à son frère Louis	1391	373
				Commencement de la folie du roi	1392	377
				Loi qui porte la majorité des princes à quatorze ans	1392	379
				Mort du roi d'Arménie à Paris	1393	381
				Boucicaut est nommé gouverneur de Gênes	1396	384
				Entrevue d'Ardres entre les rois de France et d'Angleterre	1396	394
				Jean de Nevers va au secours du roi de Hongrie; bataille de Nicopolis	1396	397
				Jean de Chastel-Morant et Boucicaut vont au secours de l'empereur de Constantinople	1399	400
				On brûle des gens qui avaient évoqué le diable	1403	410
				Assassinat du duc d'Orléans	1407	427
				Jean de Montagu, trésorier des finances, est condamné à mort	1409	444
				Supplique des enfants du duc d'Orléans au roi contre le duc Jean de Bourgogne	1411	450 à 459
				Le duc de Bourgogne est accusé de vouloir faire un autre roi en France	1411	465
				Domination des Armagnacs à Paris	1411	481
				Arrivée du duc Jean à Paris	1411	483
				Assemblée des trois états à Paris par le roi	1412	485
				Concile de Constance	1414	497
				Les Anglais se préparent à faire la guerre en France	1415	503
				Siége d'Harfleur	1415	506
				Le roi d'Angleterre, après la prise d'Harfleur, se dispose à retourner en Angleterre	1415	511
				Il offre aux Français de rendre Harfleur si on veut le laisser passer, et il est refusé	1415	518
				Les Français sont défaits à Azincourt		520
				Charles devient dauphin	1416	533
				Le duc de Bourgogne conquiert d'un côté en France et le roi d'Angleterre d'un autre	1417	536 à 540
				Le roi d'Angleterre entre à Rouen	1418	547
				Le dauphin prend le titre de régent	1418	549
				Catherine de France est donnée en mariage au roi d'Angleterre	1419	550 à 551
				Assassinat du duc de Bourgogne au pont de Montereau	1419	558
				Philippe, nouveau duc de Bourgogne, fait paix avec le roi d'Angleterre	1420	560
				Henri V épouse Catherine	1420	560
				Le roi d'Angleterre prend le titre de régent de France	1420	563
				Le roi d'Angleterre vient à Paris et se loge à Vincennes	1421	570
				Mort d'Henri V à Vincennes près Paris	1422	571
	MIGUEL DEL VERMS	Vivait au quinzième siècle	*Chronique des comtes de Foix et seigneurs de Béarn, en langue béarnaise, inédite*	Histoire des comtes de Foix et de Béarn	1012 à 1445	575 à 600
				Réunion de la seigneurie de Béarn et du comté de Foix	1290	578
				Gaston Phébus marche contre les Jacques	1358	581
				Guerre entre Foix et Armagnac	1362	581 à 586
				Les seigneurs de Languedoc quittent le parti anglais pour passer au roi de France	[illegible]	585
				Gaston Phébus est nommé gouverneur des trois sénéchaussées de Toulouse, Carcassonne et Beaucaire	[illegible]	587
				Ses querelles et ses réconciliations avec le duc de Berry	[illegible]	588
				Mort de Gaston Phébus, comte de Foix	[illegible]	589
				Jean de Foix épouse la fille du roi de Navarre		590
				Le roi Charles VII et le dauphin Louis viennent à Toulouse	[illegible]	591

N° des vol.	NOMS DES AUTEURS.	DATE DE LEUR NAISSANCE.	TITRE DE LEURS OUVRAGES.
Suite du 1er volume.	BAUDOIN D'AVESNES............	Vivait au quatorzième siècle....	Extrait des livres de Baudoin d'Avesnes, ou Chronique de Flandres...............
	GUILLAUME GALAN et MIGON DE ROCHEFORT, seigneur de la Pomarède.	Au quatorzième siècle........	Relation de leur ambassade à Hugues IV, juge d'Arborée...............
1er volume.	ENGUERRAND DE MONSTRELET..	Né en 14..., mort en 1453.......	Chroniques d'Enguerrand de Monstrelet...
2e volume.	GEORGES CHASTELLAIN...	Né en 1404, mort en 1474.....	Chronique des ducs de Bourgogne.......

ÉVÉNEMENTS RACONTÉS DANS LES DIVERS OUVRAGES.	DATE des faits.	INDICAT. de la page.
Paix rendue à la ville de Valenciennes............	1219 à 1255	643 à 671
Fêtes données par Jean Bernier, à Valenciennes, à Guillaume de Hainaut et fête rendue à Jean Bernier...		672 à 673
Des rois de France, de Pharaon à Charlemagne............		634 à 641
Bataille de Roncevaux............		612
Fondation de l'abbaye d'Anchin............		634
Prise de Constantinople............	1204	617 à 644
Condamnation des Albigeois............	1213	652
Condamnation des Templiers............	1312	665
Édouard III est fait vicaire de l'empire............	1338	690
Siège de Calais............	1347	691
Guillaume Galan et Migon de Rochefort, sieur de la Pomarède, sont envoyés par le duc d'Anjou à Hugues IV, juge d'Arborée, pour lui demander sa fille en mariage pour son fils............	1378	675
Ils sont reçus par le duc à Oristani en Sardaigne............		677
Ils reviennent à Saint-Tropez sans avoir rien fait............		681
Jean de Werchin, sénéchal de Hainaut, envoie défier les chevaliers de divers pays par ses hérauts...	1402	14
Assassinat du duc d'Orléans............	1407	54
Les deux papes sont à la fois déclarés déchus de la papauté............	1409	155
Boucicaut est chassé de Gênes............	14..	159
Les Parisiens s'arment contre le parti d'Orléans............	1411	200
Le duc de Bourgogne envoie ses ambassadeurs en Angleterre............		277
Concile de Constance............	1414	252
Paix d'Arras confirmée à Paris............	1415	351
Henri V se dispose à faire une invasion en France............	1415	354
Prise de Harfleur............		330
Bataille d'Azincourt............		314
La reine Isabeau est exilée pour ses galanteries à Blois, puis à Tours............	1417	491
Le duc de Bourgogne va chercher la reine à Tours et la ramène à Paris............		420
Paris est pris par les gens du duc de Bourgogne............	1418	432
Soulèvement des communes de Paris qui tuent les prisonniers............		432
Paix entre le dauphin et le duc de Bourgogne............	1419	457
Assassinat du duc de Bourgogne à Montereau............		490
Henri V vient conclure la paix à Troyes et se marie avec Catherine de France............	1420	470
Entrée du roi de France et du roi d'Angleterre à Paris............		482
Le dauphin est cité à Paris à la table de marbre............		494
Des états tenus à Paris............	1422	472
Jeanne d'Arc paraît au siège d'Orléans............	1428	598 à 661
Charles VII est couronné à Reims............	1429	668
Jeanne est prise devant Compiègne............	1430	624
Jeanne est condamnée et brûlée à Rouen............	1431	643
Le jeune Henri VI d'Angleterre fait son entrée à Paris............		654
Le duc de Bourgogne tient le Pas de la Toison d'or à Dijon............	1433	678
Concile de Bâle............		
Les communes de la Normandie se soulèvent contre les Anglais............	1434	686
Paix d'Arras entre le duché de Bourgogne et la France............	1435	702
Mort d'Isabeau de Bavière à Paris............		710
Paris rentre sous la domination du roi de France............	1436	727
Séjour du roi de France à Paris............	1437	736
Le seigneur de Rais, maréchal de France, est exécuté pour hérésie............	1440	798
Le duc d'Orléans est délivré de sa prison d'Angleterre, où il était depuis la bataille d'Azincourt en 1415............	1440	862
Trêve entre la France et l'Angleterre............	1444	841
Assassinat du duc d'Orléans par le duc Jean de Bourgogne............	1407	6
Assassinat du duc Jean par le dauphin............	1419	11
Le nouveau duc envoie une ambassade au roi d'Angleterre à Rouen............		21
Trêve entre le roi de France et le roi d'Angleterre............		33
Le roi de France donne sa fille Catherine à Henri V et le déclare son héritier............	1420	39
[illegible] interprété par Charles VI à son héritier le roi anglais à Troyes............		44
Jeanne de Naples et Louis d'Anjou roi de Sicile............		45
Entrée des deux reines, puis des deux rois à Paris. — Solennité de Noël............		63 à 64
Pierre Cauchon est nommé évêque de Beauvais............		66
Le dauphin est ajourné à Paris............		71
[illegible] sur les derniers moments du roi d'Angleterre............	1422	110
Louis XI, à la mort de son père Charles VII, quitte Genappes pour aller se faire couronner............	1461	122
Sacre de Louis XI à Reims............		141
Entrée de Louis XI à Paris............		147 à 151
Louis XI nomme Jean de Morvilliers chancelier............		157
Louis XI est sur le point d'être pris à Bordeaux par les Anglais............		180
La reine d'Angleterre, Marguerite d'Anjou, débarque à l'Écluse............	1467	221
La reine d'Angleterre, attaquée par des brigands, leur confie son fils............		221
Impôt mis par Louis XI sur Paris pour le rachat des terres sur la Somme............		245 à 246
Les Vénitiens envahissent la Morée............		266
Le duc de Bourgogne renonce à ses vœux de croisade à cause de ses débats avec son fils............	1467	281
Le comte de Charolais convoque les états à Amiens à l'insu de son père............		287

Nᵒˢ des vol.	Noms des auteurs.	Date de leur naissance.	Titre de leurs ouvrages.
Suite du 1ᵉʳ volume.	Suite de GEORGES CHASTELLAIN.		Éloge du duc Philippe. . . . .
			Éloge du duc Charles. . . . .
			Exposition sur vérité mal prise . . . . . .
2ᵉ volume.	MATHIEU DE COUSSY	Né vers 1420, mort en 1480	Chroniques . . . .
	JEAN DE TROYES	Vivait au quinzième siècle	Livre des faits advenus au temps du roi Louis XI, ou Chronique scandaleuse . . .
	GUILLAUME GRUEL	Vivait au quinzième siècle	Chronique d'Artus III, comte de Richemont, duc de Bretagne et connétable de France.
	ANONYME	Vivait au quinzième siècle	Chronique de la Pucelle. . . . .
	ANONYME	Vivait au quinzième siècle	Chronique de la Pucelle et son procès . . .
	GUY, sire DE LAVAL	Vivait au quinzième siècle	Lettre à sa mère . . . .
	CHARLES VII	Idem	Lettres patentes . . . .
	LOUIS XII	Au seizième siècle	Idem.

Événements décrits dans ces divers ouvrages.	Date des faits.	Rapport de la page.
Des versailles qu'aux Chastellais au sujet de Croy. . . .	1466	302 à 374
Mort du duc Philippe de Bourgogne. . . .	1467	304
Rel. des ... contre le duc Charles. . . .		407 à 470
Brouille entre le duc Charles et les Liégeois ; le roi Louis prête son assistance aux Liégeois. . . .	1468	408 à 45?
Charles de Bourgogne s'allie au roi d'Angleterre. . . .		468
Bataille du comte de Warwick. . . .		494
Louis XI répare le duché de Bretagne au duc de Bourgogne. . . .	1470	498
		502 à 508
		508 à 511
Traité dont ... Georges Chastellain donne des détails sur sa vie et sur celle de Philippe-le-Bon, qu'il devait à joindre de sa conduite envers la France. . . .		513 à 599
Le roi Charles VII fait la guerre à Metz. . . .	1444	1
Conquête de la Normandie sur les Anglais. . . .	1449	44
Tournoi de Jacques de La Laing. . . .		51
Journée de Fourmigny. . . .		75
Commencement de la conquête de la Guyenne, prise de Blaye. . . .	1450	80
Entrée des Français à Bordeaux. . . .	1451 à 1453	75 à 137
Bataille de Châtillon, ou Castillon, et mort de Talbot. . . .	1453	152
Banquet de Lille pour les vœux de la croisade, après la prise de Constantinople par les Turcs. . . .	1453	145 à 174
Rébellion des paysans en Prusse. . . .	1454	186
Le dauphin Louis quitte le Dauphiné et se réfugie en Bourgogne. . . .	1456	207
Affaire des Vaudois d'Arras. . . .	1460	258
Entrée de Louis XI à Paris. . . .	1461	241
Bataille de Mont-Lhéry. . . .	1465	242
États-généraux à Tours. . . .	1468	291
Le duc de Bourgogne force le roi à marcher avec lui contre les Liégeois. . . .		294
Le duc de Bourgogne est accusé d'avoir voulu faire empoisonner Louis XI. . . .	1474	305
Le duc d'Alençon est condamné à mort. . . .		309
Siège de Metz par le duc de Bourgogne. . . .		308 à 309
Exécution du comte de Roussy, fils du connétable de Luxembourg. . . .	1475	318 à 320
Bataille de Granson. . . .	1476	343
Bataille de Morat. . . .		325
Bataille de Nancy et mort de Charles-le-Téméraire. . . .	1477	308 à 330
Exécution de Jacques d'Armagnac, duc de Nemours et comte de la Marche. . . .	1477	332
Maximilien d'Autriche est défait par les Français à Therouenne. . . .	1479	343
Louis XI supprime les francs-archers et les remplace par des Suisses. . . .	1481	345
Guerre entre Guillaume de la Marche, dit le Sanglier d'Ardennes, et l'évêque de Liège. . . .	1482	349
Mort de Louis XI. . . .	1483	325
Naissance d'Artus III. . . .	1393	392
Il est nommé connétable de France. . . .	1471	381
Il arrête de Gien. . . .	1434	356
Siège d'Orléans et arrivée de la Pucelle. . . .	1429	359
Le connétable entre à Paris. . . .	1435	391
Il succède à son neveu Pierre dans le duché de Bretagne. . . .	1436	404
Mort du connétable, duc de Bretagne. . . .	1437	403
Bataille de Cravan. . . .	1423	405
Le roi prend à son service Artus de Bretagne, qui avait été fait prisonnier à Azincourt, en 1415. . . .	1425	414
Le roi assemble les états à Melun. . . .	1426	415
Les Anglais viennent mettre le siège devant Orléans. . . .	1428	424
La Pucelle sort de Vaucouleurs. . . .	1429	478
Arrivée de Jeanne à Orléans. . . .		431
Levée du siège d'Orléans par les Anglais. . . .		437
Charles VII est sacré à Reims, et la Pucelle veut s'en aller dans son village. . . .		445 à 447
Talbot s'empare de Laval par surprise. . . .		451
La Pucelle arrive au siège d'Orléans. . . .	1429	454
Levée du siège d'Orléans. . . .		456
Sacre du roi à Reims. . . .		461
La Pucelle est prise. . . .	1430	461
L'Université de Paris réclame la Pucelle pour la juger comme hérétique. . . .	1430	463
Lettre donnée par le roi d'Angleterre de la remettre aux mains de l'évêque de Beauvais. . . .		465
Procès, interrogatoire, arrêt. . . .	1431	466 à 500
Il lui rend compte de sa présentation à la Pucelle. . . .	1429	511 à 512
Anoblissement de Jeanne d'Arc au mois de décembre. . . .	1429	512
Permission donnée aux descendants de Jeanne d'Arc de porter les armes. . . .	1612	516

N° des vol.	NOMS DES AUTEURS.	DATE DE LEUR NAISSANCE.	TITRE DE LEURS OUVRAGES.	ÉVÉNEMENS DÉCRITS DANS CES DIVERS OUVRAGES.	DATE des faits.	NUMÉRO de la page.
Suite du Xe volume.	....	Au seizième siècle	Révocation de la condamnat. de la Pucelle.	Son acquittement est proclamé par une commission d'ecclésiastiques assemblés à cet effet...	1456	517
	PERCEVAL DE BOULAINVILLIERS	Au quinzième siècle	Lettre au duc de Milan	Il lui rend compte de l'apparition de la Pucelle et de ce qui se passa en France à ce sujet...	1429	519
	MARTIAL D'AUVERGNE	Au seizième siècle	Vigiles de Charles VII, poème	Relation de ce qui se passa en France depuis l'arrivée de la Pucelle...	1429 à 1451	324
	MATHIEU THOMASSIN	Au quinzième siècle	Registre delphinal	Arrivée de la Pucelle à Orléans et récit de tout ce qui se passa à cette occasion...	1429 à 1431	527 à 549
	CHRISTINE DE PISAN	Au quatorzième siècle	Poème sur Jeanne d'Arc	Un poème, jusqu'ici inédit, a été composé par Christine en 1429...	1429	549
	PIERRE DE FENIN	Né en ...., mort en 1433	Mémoires	Assassinat du duc d'Orléans...	1407	549
				Paix entre le duc de Bourgogne et les fils du duc d'Orléans...	1411	554
				Le roi Henri d'Angleterre convoque une armée pour envahir la France...	1415	556
				Bataille d'Azincourt...		549
				La reine Isabeau se met sous la tutelle du duc de Bourgogne et abandonne son mari et son fils...	1415	563
				Les partisans du dauphin sont chassés de Paris par les Armagnacs et par le duc de Bourgogne...	1417	566
				Le roi Henri conquiert presque toute la Normandie...		570
				Le parlement de Provins, entre le roi d'Angleterre et le duc Jean de Bourgogne, est rompu avant que rien y soit conclu, et le duc Jean fait sa paix avec le dauphin...	1419	570
				Assassinat du duc Jean à Montereau...		571
				Traité entre Henri V et le nouveau duc Philippe. — Catherine est donnée en mariage à Henri V, qui est reconnu pour héritier de la couronne au détriment du dauphin...		573
				Entrée de Henri V à Paris...	1420	589
				Mort de Henri V...	1422	590
				Le dauphin prend, après la mort de son père Charles VI, le titre de roi...		592
				Bataille de Verneuil gagnée par les Anglais sur le dauphin...	1424	600
				Le duc de Bedfort réconcilie le duc de Gloucester et le duc de Bourgogne...	1427	603
	ANONYME	Au quinzième siècle	Journal d'un Bourgeois de Paris	Les rues de Paris sont garnies de chaînes, et une émeute y éclôt...	1408	606
				Le duc de Berry est assiégé à Bourges par le roi...	1412	611
				Émeute à Paris; demande de l'Université de Paris au roi...	1413	615
				Maladie épidémique à Paris...	1414	616
				Bataille d'Azincourt...	1415	621
				Louis Bourdon est noyé et la reine privée de ses pensions...	1417	621
				Le duc de Bourgogne ramène la reine de Tours à Paris...	1418	632
				Émeute à Paris...	1418	623
				Mariage de Henri V avec Catherine, et traité conclu avec lui...	1420	642 à 648
				Les loups passent la Seine à la nage et viennent déterrer les cadavres dans les cimetières...	1421	652
				Le bâtard de Vaurus et son cousin sont pendus...	1427	616
				Guerre entre les Anglais et les Bretons...	1426	660
				Prédications du moine Richard à Paris, suivies par une foule immense...	1429	639
				Apparition de la Pucelle au siège d'Orléans...	1429	679
				Femme brûlée à Paris pour avoir témoigné en faveur de Jeanne d'Arc...	1430	662
				Procès de la Pucelle et son exécution...	1431	690
				Entrée du jeune Henri V à Paris et fêtes qu'on lui donne...	1431	654
				Mort d'Isabeau de Bavière...	1436	701
				Querelles entre Charles VII et son fils...	1440	717
				Le bruit se répand que la Pucelle reparaît; on prend une autre femme pour elle...		718
				Vexations commises à Paris en l'absence du roi de France...	1443	723
				Apparition d'un jeune homme de science merveilleuse à Paris...	1445	727
				Agnès Sorel vient à Paris...	1448	729
				Entrée de Charles VII à Rouen malgré les Anglais...	1449	731
	ANONYME	Au quinzième siècle	Poème anglais	Le poète raconte le siège d'Harfleur et la bataille d'Azincourt...	1415	732
2e volume.	PHILIPPE DE COMMINES	Né en 1445, mort en 1509	Mémoires	Bataille de Mont-l'Héry...	1465	8
				Traité de Conflans...	1465	30
				Le duc de Bourgogne fait son entrée à Liège...	1467	41
				Le roi Louis est enfermé à Péronne et marche contre ses anciens alliés les Liégeois...	1468	45 à 58
				Le roi Louis prête assistance au comte de Warwick...	1470	69
				Le roi Louis conclut un arrangement avec le duc de Bretagne et une trêve avec le duc de Bourgogne...	1472	83
				Retrouve des rois de France et d'Angleterre...	1475	104
				Guerre du duc de Bourgogne contre les Suisses; bataille de Granson...		114
				Bataille de Morat...	1476	121
				Mort du duc de Bourgogne à Nancy...		126
				Les places de Saint-Quentin, Péronne, etc., sont livrées au roi Louis...	1477	130
				Mariage de Marie de Bourgogne avec Maximilien...		160
				Commines reçoit pour le roi Louis l'hommage de Gênes et de Milan...	1478	166
				Maladie et mort de Louis XI...	1482	169
				Roi de Lorraine vient en France réclamer le comté de Provence et le royaume de Naples...	1481	178
				Charles VIII se décide à faire le voyage de Naples...	1494	191
				Pierre de Médicis quitte Florence et Charles VIII y entre...		192
				Charles VIII est couronné roi à Naples...		203
				Bataille de Fornoue...	1495	221
				Traité d'Atella, en Pouille, défavorable aux Français...	1496	253
				Condamnation et exécution de Savonarole...	1499	263

N° des vol.	Nom des auteurs	Date de leur naissance	Titre de leurs ouvrages
Suite du 9e volume.	Guillaume de Villeneuve	Au quinzième siècle	Mémoires
	Olivier de La Marche	Né en 1426, mort en 1502	Mémoires
	Chastellain	Au quinzième siècle	Chronique du chevalier Jacques de La Laing
	Jean Bouchet	Né en 1476, mort en 1555	Panégyrie du seigneur Louis de La Trémouille, dit le chevalier sans reproche.
10e volume.	Jacques du Clercq	Né en 1419	Mémoires

Événements décrits dans ces divers ouvrages	Date des faits	Indicat. de la page
Arrivée de Charles VIII à Rome et son entrée à Naples	1493	269 à 274
Révolte de Naples contre les Français	1494	272
Villeneuve est fait prisonnier à Thann	1495	234
Il est délivré de sa prison et revient en France	1497	291
Pas d'Armes.		
L'empereur de Constantinople envoie demander secours au duc de Bourgogne	1435	312
Solennité de la Toison d'Or à Gand	1447	376
Pas de la Pèlerine	1446	415
Siège d'Audenarde		421
Bataille de Guerre entre les Gantois	1452	454
Tenez fait au banquet de L'île	1453	481
Le dauphin Louis se retire vers le duc Philippe		468 à 500
Louis, devenu roi, et contraint le comte de Charrolais	1456	505
Querelle entre le roi Louis et le nouveau duc Charles, au sujet des places sur la Somme	1461	512
Siège de Metz	1471	527
Maladies de Gratuse et de Morel	1472	532
Mort de Charles devant Nancy	1476	511
Maximilien, mari de Marie de Bourgogne, est fils roi des Romains	1478	579
Fin de la guerre entre Maximilien et les Gantois	1489	540
	1497	547
Jacques de La Laing, bien admonesté par ses parens, arrive à la cour de Philippe de Bourgogne	1438	605 à 819
Jacques de La Laing est fait chevalier	1445	622
Jacques de La Laing va faire armes en France, Navarre, Espagne et Portugal	1446	626 à 631
Il va en Écosse	1448	662
Pas de la Fontaine des Pleurs		
Il va à Rome et à Naples, et est du frère de la Toison d'Or	1449	670 à 689
Siège d'Audenarde	1450	650
Bataille de Rippelmonde	1452	681
Mort de Jacques de La Laing au siège de Poucques	1453	711 / 724
Le jeune La Trémoille est envoyé au service du roi Louis XI	1476	725
Il rentre en possession de Thouars	1482	735
Il est nommé lieutenant général de Charles VIII en Bretagne, à 17 ans	1483	746
Journée de Saint-Aubin du Cormier	1487	752
Conquête de Naples par Charles VIII	1493	754
Journée de Fornoue	1495	758
Le duché de Milan est mis entre les mains de Louis XII	1500	761
Bataille de Ravenne	1512	764
La Trémoille délivre la Bourgogne des Suisses	1501	770
La Trémoille épouse la duchesse de Valentinois	1510	773
Bataille de Pavie et mort de La Trémoille	1525	803
Les trêves sont rompues et la guerre recommence entre les rois de France et d'Angleterre	1449	1
Le roi de France fait des progrès en Normandie, soutenu par le duc de Bretagne		5 à 8
Le comte de Foix remporte, au nom de la France, des avantages sur le roi de Navarre		9
Rentrée du roi de France à Rouen		11
Bataille de Fourmigny gagnée par les Français		17
Processions annuelles, fixées au 14 août de chaque année, en l'honneur des victoires de Normandie	1448	24
Entrée du roi de France à Bordeaux et à Bayonne	1450	31 à 35
Guerre civile en Angleterre entre les branches d'York et de Lancastre	1449 à 1450	35 à 36
Bordeaux rentre au pouvoir des Anglais	1451	66
Guerre du duc de Bourgogne Philippe contre les Gantois	1452 à 1453	69 à 73
Nouvelle guerre en Guyenne; victoire de Chatillon et mort de Talbot	1452	76
Bordeaux et toute la Guyenne se rendent au roi de France		78
Prise de Constantinople par les Turcs		79 à 83
Sentence rendue contre Jacques Cœur		24
Voeux faits par le duc Philippe pour aller au secours de Constantinople		87
Le dauphin Louis, depuis Louis XI, se réfugie chez le duc de Bourgogne	1475	95
Jugement du duc d'Alençon	1454	113 à 123
Hérétique brûlé à Lille		126
On commence à Arras les persécutions contre les Vaudois, dont plusieurs sont brûlés	1459	133 à 205
Le parlement de Paris arrête le rôle des inquisiteurs	1461	172
Mort de Charles VII à Meun		174
Entrée du roi Louis XI à Paris		182
Les terres conquises sur la Somme sont promises à Louis XI	1465	274
Le comte de Saint-Pol est cité à comparaître devant le roi		220 à 238
Le duc de Bourgogne convoque ses états à Bruges, et le comte de Charrolais les malades à Anvers	1464	270
Le comte de Charrolais s'excuse et accuse les Croy		250
Le duc de Berry, frère de Louis XI, s'échappe pour aller en Bretagne	1465	253
Ligue dite du Bien-Public, et entrée du comte de Charrolais en France		754 à 764
Bataille de Mont-l'Héry		264
Révolte de Liège et de Dinant soutenue par le roi de France		213
Réconciliation entre Louis XI et les princes de son sang à Conflans		252
Destruction de Dinant	1456	100
Paix avec les Liégeois		102

N° des vol.	NOMS DES AUTEURS.	DATE DE LEUR NAISSANCE.	TITRE DE LEURS OUVRAGES.
Suite du 10e volume.	Francesco de Tarsi	Au quinzième siècle	Lettre au cardinal d'Avignon
	Saind-Remy-Fevrent	Au seizième siècle	Annales de l'empire othoman
	Lefeuvre de Saint-Remy	Né en 1394, mort en 1468	Mémoires
	Robant	Au dix-huitième siècle	Mémoire sur les dernières années de Jacques Cœur
11e volume.	Loyal Serviteur	Au seizième siècle	Histoire des faits, gestes, triomphes et prouesses du bon chevalier sans peur et sans reproche, le gentil seigneur de Bayard.
	Guillaume de Marillac	Au seizième siècle	Vie du connétable Charles de Bourbon
	Antoine de Laval	Né en 1551, mort en 1631	Continuation de Monluc

ÉVÉNEMENTS DÉCRITS DANS CES DIVERS OUVRAGES.	DATE des faits.	Renvoi de la page.
Relation de la prise de Constantinople par les Turcs, faite par des marchands florentins.	1453	309
Siège et prise de Constantinople par Mahomet II.		313
Concile de Pise.		
Les Génois secouent la domination française	1409	294
Les enfants du duc d'Orléans défient le duc de Bourgogne.		
Commencement des Armagnacs	1411	
Waleran de Saint-Pol est fait connétable de France.		
La haine se développe entre les princes du sang royal		
Soulèvement des Parisiens.	1413	
Assemblée de Pontoise.		
Mandemens retours publiés contre le duc de Bourgogne.		
Désarmement des Parisiens.	1414	
Paix conclue à Arras entre le roi de France et le duc de Bourgogne.		
Concile de Constance.		
Le roi d'Angleterre fait demander Catherine de France en mariage	1415	
Le roi d'Angleterre se décide à faire une invasion en France		
Défaite d'Azincourt.		
Visite de l'empereur Sigismond à Paris et à Londres		
Détails sur le mauvais gouvernement de la France à cette époque.	1416	
Les gens du duc de Bourgogne entrent à Paris; massacre des prisons et entrée du duc de Bourgogne et de la reine	1417	
Rouen est rendu aux Anglais		
Assassinat du duc de Bourgogne à Montereau après la paix jurée.	1418	
Philippe, fils du duc Jean, s'allie aux Anglais; traité de Troyes.	1419	
Mariage d'Henri V avec Catherine, et règne qui fut conclu	1420	
Le roi d'Angleterre vient à Paris et commence à régner		
Le dauphin est banni et déclaré déchu de la couronne.		
Mort des rois Henri V et Charles VI.	1422	
Bataille de Crévan.		
Querelle entre les ducs de Bourgogne et de Gloucester.	1425	
Le consul d'Égypte envahit le royaume de Chypre.	1426	
Siège d'Orléans et apparition de Jeanne d'Arc.	1428	
Le duc de Bourgogne institue l'ordre de la Toison d'Or	1429	
Jeanne d'Arc est prise à Compiègne.		
Première solennité de la Toison d'Or et élection des chevaliers	1430	
Le nombre des chevaliers de la Toison d'or est accru de six à la troisième fois tenue à Dijon.	1433	
Paix d'Arras entre l'Angleterre et la France	1434	
Jacques Cœur est condamné et ses biens sont confisqués.		
Texte de l'arrêt, rendu contre Jacques Cœur, tiré par J.-A.-C. Buchon des archives du château de Saint-Fargeau.	1453	
Bayart est présenté au duc de Savoie, qui l'admet dans sa maison	1489	4
Le duc de Savoie cède Bayart au roi de France Charles VIII.	1490	
Bayart fait crier un tournoi à Ayre en l'honneur des dames.	1494	13
Conquête de Naples par Charles VIII.	1494	15
Louis XII conquiert le duché de Milan, et Bayart, demeuré en Italie, donne un tournoi à Carignan.	1498	
Bayart garde à lui seul un pont sur le Garigliano.		
Défaite d'Agnadel gagnée par Louis XII.	1503	93
Gaston de Foix, duc de Nemours, est nommé gouverneur de Milan	1509	41
Brescia est prise par le duc de Nemours, et Bayart y est blessé.	1512	73
Bataille de Ravenne et mort du duc de Nemours.		81
Henry VIII descend en France; journée des Éperons.	1513	84
François Ier passe les monts.	1513	103
Il se fait armer chevalier par Bayart	1514	108
Bayart est tué d'un coup d'arquebuse.	1515	112
	1524	114
Gilbert de Bourbon, comte de Montpensier, accompagne Louis XII en Italie et y meurt de maladie.	1494	120
Louis de Bourbon, son fils, meurt aussi en Italie de maladie.		
Éducation donnée à Charles de Bourbon.		121
Conquête du duché de Milan par les Français	1503	170
Descente des Anglais en Artois.	1513	144
La Trémoille achète le départ des Suisses de Dijon.		149
Le duc de Bourbon, envoyé comme lieutenant du roi en Bourgogne, réprime les pillages des aventuriers.		150
Le duc de Bourbon est créé connétable par François Ier.	1514	120
Bataille de Marignan; lettre de François Ier à sa mère.		112
Le duc de Bourbon revient tenir ses états à Moulins.	1515	138
Entrevue d'Ardres entre François Ier et Henry VIII	1516	148
	1520	149
Le connétable se pique de ce qu'on lui enlève le commandement de l'avant-garde contre Charles V.		
Discussion d'intérêt entre le duc de Bourbon et Louise de Savoie, mère de François Ier.	1521	170
Le duc de Bourbon part de son château	1522	175
Il est tué au sac de Rome.	1523	182
	1527	184

N° des vol.	NOMS DES AUTEURS.	DATE DE LEUR NAISSANCE.	TITRE DE LEURS OUVRAGES.
Suite du 11° volume.	JACQUES BONAPARTE	Né en ...., mort en 1544	Sac de Rome : Traduction de LL. AA. les princes Napoléon-Charles et Napoléon-Louis.
	ROBERT DE LA MARCK, seigneur de FLEURANGES ET DE SEDAN.	Né en 1492, mort 1536	Mémoires du jeune adventureux.
	LOUISE DE SAVOIE (mère de François Ier).	Née en 1476, morte en 1532	Journal
	MARTIN DU BELLAY	Né en ...., mort en 1559	Mémoires
12° volume.	BLAISE DE MONTLUC	Né en 1502, mort en 1577	Mémoires

ÉVÉNEMENTS DÉCRITS DANS CES DIVERS OUVRAGES	Date des faits	Indicat. de la page
Fuite du duc de Bourbon de France.	[illegible]	[illegible]
Siège de Marseille par les troupes impériales	[illegible]	[illegible]
Bataille de Pavie	[illegible]	[illegible]
François Ier est remis en liberté.	[illegible]	[illegible]
Bourbon prend le commandement des armées espagnoles et allemandes	[illegible]	[illegible]
son armée se grossit d'aventuriers	[illegible]	[illegible]
Bourbon se prépare à donner l'assaut à Rome.	[illegible]	[illegible]
Il est tué au sac de Rome	[illegible]	[illegible]
Le pape se sauve déguisé du château Saint-Ange.	[illegible]	[illegible]
Le jeune Adventureux est confié au duc d'Angoulême ; description des jeux de la jeune noblesse.	[illegible]	[illegible]
de la vénerie, de la fauconnerie et de l'artillerie du roi de France.	[illegible]	[illegible]
Bataille d'Aignadel	[illegible]	[illegible]
Les Français battent le pape et les Vénitiens devant Bologne.	[illegible]	[illegible]
Bataille de Ravenne et mort du duc de Nemours.	[illegible]	[illegible]
Descente des Anglais en Picardie et siège de Dijon par les Suisses.	[illegible]	[illegible]
Mariage de Louis XII avec la jeune Marie d'Angleterre et sa mort.	[illegible]	[illegible]
Bataille de Marignan.	[illegible]	[illegible]
Le jeune Adventureux est envoyé en Allemagne pour l'élection de François Ier à l'empire.	[illegible]	[illegible]
Élection du roi d'Espagne Charles V à l'empire.	[illegible]	[illegible]
Entrevue de François Ier et d'Henri, entre Ardres et Guines, appelée Champ-du-Drap-d'Or.	[illegible]	[illegible]
Défense de Parme par M. de l'Escun.	[illegible]	[illegible]
Memorandum chronologique de divers évènements depuis sa naissance, en 1476, jusqu'en 1522.	[illegible]	[illegible]
Ligue de Cambrai.	[illegible]	[illegible]
François Ier passe les monts ; journée de Marignan.	[illegible]	[illegible]
Siège de Brescia.	[illegible]	[illegible]
Entrevue d'Ardres.	[illegible]	[illegible]
Causes de la guerre entre le roi et l'empereur.	[illegible]	[illegible]
Prise de Rhodes par les Turcs.	[illegible]	[illegible]
Défection du connétable de Bourbon	[illegible]	[illegible]
Mort de Bayard et ses paroles au connétable de Bourbon en mourant.	[illegible]	[illegible]
Bataille de Pavie.	[illegible]	[illegible]
François Ier sort de prison	[illegible]	[illegible]
Sac de Rome et mort du connétable de Bourbon.	[illegible]	[illegible]
Cartel de François Ier à Charles V.	[illegible]	[illegible]
Défection d'André Doria ; il s'empare de Gênes	[illegible]	[illegible]
Plaintes d'Henri VIII contre le pape au sujet de son divorce.	[illegible]	[illegible]
L'Angleterre se sépare de l'Église romaine	[illegible]	[illegible]
Conquête de la Savoie au commencement de la guerre des Français en Piémont	[illegible]	[illegible]
L'empereur se prépare à la guerre, et le roi se résout à l'attendre en France	[illegible]	[illegible]
Passage de l'empereur en Provence	[illegible]	[illegible]
Confédération de la Flandre, de l'Artois et du Charrolais sur Charles V, préparant de François Ier.	[illegible]	[illegible]
Trêve entre le roi et l'empereur.	[illegible]	[illegible]
Passage de l'empereur par la France	[illegible]	[illegible]
L'amautdus des ambassadeurs de France rallume la guerre.	[illegible]	[illegible]
Les Anglais font une bûcherie en France et sont défaits devant Boulogne.	[illegible]	[illegible]
Traité de paix avec les Anglais, et mort du roi d'Angleterre.	[illegible]	[illegible]
Bataille de La Bicoque.	[illegible]	[illegible]
Bataille de Pavie.	[illegible]	[illegible]
Institution des légionnaires.	[illegible]	[illegible]
Excuses données aux Vénitiens en faveur de cette alliance par l'évêque de Valence, frère de Montluc.	[illegible]	[illegible]
François Ier est assailli par cent vingt galères des Turcs ses alliés, commandées par Barberousse.	[illegible]	[illegible]
Bataille de Cérisoles.	[illegible]	[illegible]
Montluc quitte les guerres d'Italie pour venir en France, rend compte au roi de siège de Sienne, et est renvoyé en Piémont.	[illegible]	[illegible]
Nouvelle de la défaite du connétable à Saint-Quentin.	[illegible]	[illegible]
Le duc de Guise reprend Calais et va à Nieuve et à Thionville.	[illegible]	[illegible]
Montluc est envoyé au duc de Guise à Metz, et le trouve occupé du siège de Thionville ; siège et prise de cette ville.	[illegible]	[illegible]
Prise d'Ardres.	[illegible]	[illegible]
Le roi est blessé dans un tournoi par Montgommery.	[illegible]	[illegible]
Colloque de Poissy ; affaires religieuses.	[illegible]	[illegible]
Condescendance des troubles religieux.	[illegible]	[illegible]
Caractère de Montluc peint par lui-même.	[illegible]	[illegible]
Assemblée des protestants à Montauban.	[illegible]	[illegible]
Paix de Chartres entre les protestants, dite la petite paix, parce qu'elle ne dura que neuf mois.	[illegible]	[illegible]
Guerre religieuse en Guyenne.	[illegible]	[illegible]
Montluc est blessé.	[illegible]	[illegible]
Lettre de Montluc au roi.	[illegible]	[illegible]
Allocution de Montluc au roi.	[illegible]	[illegible]
Saint-Barthélemy.	[illegible]	[illegible]
Siège de Gensac.	[illegible]	[illegible]

N° des vol.	NOMS DES AUTEURS.	DATE DE LEUR NAISSANCE.	TITRE DE LEURS OUVRAGES.
Suite du 12e volume.	VINCENT CARLOIX..........	Au seizième siècle..........	Mémoires du maréchal de Vieilleville......
13e volume.	JEAN DE SAULX-TAVANNES......	Né en 1555, mort en 1630......	Mémoires de Gaspard de Saulx-Tavannes, son père.
	GODEFROI DE TAVANNES..........	Né en 1536, mort en 1630......	Mémoires sur le maréchal de Brissac pendant son gouvernement en Piémont.

ÉVÉNEMENS DÉCRITS DANS CES DIVERS OUVRAGES.	DATE des faits.	INDICAT. de la page.
Bataille de Paris		418
Guerre de Florence	1525	424
Jonction de la flotte du roi de France avec celle de Barberousse	1535	447
Bataille de Cérisoles	1543	440
Vieilleville est envoyé ambassadeur en Angleterre; description des mœurs anglaises	1546	451 à 461
Crédit du connétable de Montmorenci et son caractère	1547	467
Duel de Jarnac et de La Chastaigneraie		473
De la Sainte-Ampoule et des quatre barons donnés en otage pour la recevoir		483
Vieilleville refuse les confiscations faites sur les luthériens		495
Luxe déployé par la noblesse, suivie de deux mille pages à l'entrée d'Henri II à Paris, et richesse de Paris	1549	509
Les princes d'Allemagne envoient demander des secours au roi de France contre l'empereur		525
Le roi s'empare de Metz	1551	542
Strasbourg refuse de recevoir le roi avec des troupes	1552	547
Vieilleville est admis devant la chambre impériale à Spire		552
Lettre du duc d'Albe à l'infant don Alphonse sur le siège de Metz		557
L'empereur lève le siège de Metz; état de la ville après le siège	1553	596 à 609
L'évêque de Metz est privé du droit de faire battre monnaie		630
sur l'établissement des légionnaires par François Ier		678
Le duc de Guise vient commander le camp devant Thionville; les Français entrent dans Thionville	1558	685 à 693
Défaite de Gravelines		694
Le roi va au parlement et fait arrêter quelques magistrats suspects d'hérésie	1559	146
Henri II est blessé dans un tournoi par Montgommeri		708
Conjuration d'Amboise	1560	711
Ambassade de M. de Vieilleville près de l'empereur à Vienne	1562	106 à 136
Bataille de Dreux		749
Le duc de Guise est déclaré lieutenant général du royaume		757
Les Anglais rendent le Havre-de-Grâce	1565	776 à 779
Bataille de Saint-Denis	1567	788
Le duc d'Anjou est fait lieutenant général du royaume		791
Siège de Saint-Jean-d'Angély	1569	794
Assemblée d'Heidelberg, paix avec l'Allemagne	1570	801
Vieilleville est nommé ambassadeur en Suisse; détails de ses négociations	1571	824 à 825
Prédications de Luther		
Bataille de Pavie	1524	55
Siège de Rome par le connétable de Bourbon, qui y est tué	1525	61
Paix entre Charles V et François Ier	1527	65
Digression sur les réformes religieuses	1530	69
Passage de Charles V en France		71 à 143
Philippe Chabot est condamné par des commissaires	1539	55
Bataille de Cérisoles	1541	76
Révolte à Naples au sujet de l'inquisition	1546	107
Concile de Trente	1546	134
Sur Calvin; étymologie du nom d'Huguenot	1551	159
Abdication de Charles V		190 à 201
Manière de fortifier Paris	1555	209
Prise de Calais par le duc de Guise		227
Mariage du dauphin et de Marie Stuart	1558	229
Nécessité d'assembler les états généraux au lieu des notables		231
Henri II est tué dans un tournoi		235
Dissertation sur les états généraux, sur la démocratie, qui est sur le point de prévaloir en France, sur la liberté	1559	242
Arrestation du roi de Navarre et du prince de Condé, qu'on veut mettre à mort		251 à 289
Édit qui permet la liberté religieuse	1560	257
Bataille de Dreux	1562	265
Assassinat du duc de Guise par Poltrot		290
Assemblée de Moulins tenue par la reine	1563	296
Bataille de Saint-Denis et mort du connétable	1568	317
Bataille de Jarnac; mort du prince de Condé	1569	326
Bataille de Moncontour	1569	331
Le duc d'Albe fait décapiter les comtes d'Egmont et de Horn		357
Sur la ligue des huguenots	1570	379
La Saint-Barthélemy est conçue par la reine	1572	407
Siège de La Rochelle		423 à 439
	1573	470
Brissac est fait maréchal de France et gouverneur général du Piémont par l'intermédiaire de la duchesse de Valentinois		
Prise de Quiers (Chieri) et guerre du Piémont	1510	509
Siège de Metz par Charles V	1551	519
Prise de Sienne	1552	673
Le duc de Guise arrive à Turin en se dirigeant sur Naples	1556	705
Bataille de Saint-Laurent ou de Saint-Quentin	1557	776 à 791
Paix entre la France et l'Espagne		199
Le duc de Guise avertit le maréchal de Brissac de la conspiration d'Amboise	1559	440
	1560	204

Nᵒ des vol.	NOMS DES AUTEURS.	DATE DE LEUR NAISSANCE.	TITRE DE LEURS OUVRAGES.
14ᵉ volume.	BERTRAND DE SALIGNAC, seigneur DE LA MOTTE-FÉNELON.	Né en 1510, mort en 1589......	Siége de Metz par l'empereur Charles V...
	GASPARD DE COLIGNY, amiral de France.	Né en 1517, mort en 1572......	Mémoires où sont sommairement contenues les choses qui se sont passées durant le siége de Saint-Quentin.
	CLAUDE DE LA CHASTRE......	Né en 1536, mort en 1614......	Mémoires du voyage de M. le duc de Guise en Italie, son retour et la prise de Calais et de Thionville.
	GUILLAUME DE ROCHECHOUART.	Né en ...., mort en 1568......	Mémoires......
	MICHEL DE CASTELNAU......	Né en 1520, mort en 1592......	Mémoires......
	JEAN DE MERGEY......	Né en 1536, mort en 1611......	Mémoires......
	FRANÇOIS DE LANOUE, dit BRAS DE FER.	Né en 1531, mort en 1591......	Mémoires......
	ACHILLE GAMON......	Vivait au seizième siècle......	Mémoires......
	JEAN PHILIPPE......	Vivait au seizième siècle......	Mémoires......
	HENRI DE LA TOUR D'AUVERGNE, vicomte DE TURENNE et duc DE BOUILLON.	Né en 1555, mort 1623......	Mémoires......

ÉVÉNEMENS DÉCRITS DANS CES DIVERS OUVRAGES.	DATE des faits.	INDICAT. de la page.
François de Lorraine, duc de Guise, est envoyé à Metz.	1552	3
Détails sur les mesures prises par le duc de Guise et sur les attaques contre la place.		4 à 50
Charles V lève le siège de Metz.		54
Coligny reçoit l'ordre de se jeter dans Saint-Quentin.	1557	59
Prise de Saint-Quentin et de l'amiral Coligny.		76
Le duc de Guise est envoyé en Italie au secours de Paul IV.	1557	77
Défaite de Saint-Quentin.		78
Le duc de Guise est rappelé en France.		79
Il s'empare de Calais et de Thionville.	1558	93
La paix est conclue.		94
Guillaume de Rochechouart devient page du duc d'Angoulême, depuis François Iᵉʳ.	1535	85
Il est envoyé en Italie et employé dans toutes les guerres.	1546 à 1547	85 à 90
Il est nommé capitaine de Vincennes, puis chevalier de l'Ordre.	1560 à 1566	90
Catherine de Médicis s'unit avec les Guise.	1559	92
Des parlements de France et d'Angleterre.		94
Cause des guerres civiles en France.		98
Entreprise d'Amboise.	1560	100
Hardie réponse du prince de Condé au roi.		102
Elisabeth d'Angleterre soutient les protestans en France; digression sur les affaires d'Angleterre.		105 à 114
Le prince de Condé, qu'on veut arrêter, se réfugie à Riom; origine du mot huguenot.		116
Assemblée de Fontainebleau et convocation des états à Meaux, puis à Orléans.		117 à 124
Marie Stuart s'embarque à Calais pour l'Écosse; digression sur la reine Elisabeth.		126
Colloque de Poissy.	1561	133
L'introduction de l'hérésie en France force le clergé à s'instruire.		127
Massacre de Vassy.		629
Le Havre est livré aux Anglais par les huguenots.	1562	140
Cruauté du baron des Adrets.		157
Bataille de Dreux.		444
Assassinat du duc de Guise par Poltrot.	1563	177
Le Havre est repris par les Français.		183 à 195
Les parlements de France refusent d'adopter les décisions du concile de Trente.	1564	194
Détails sur le mariage de Marie Stuart avec Darnley.		197 à 201
Révolte de Flandre; origine du mot de Gueux, que prennent les révoltés.	1566	206
Bataille de Saint-Denis; entrée en France des Reitres avec le duc Casimir.	1567	215
Le roi révoque les édits faits en faveur des huguenots.	1568	227
Bataille de Jarnac.		230
Bataille de Moncontour.		245
Paix faite avec les huguenots malgré l'Espagne.	1570	249
Défaite de Saint-Quentin.	1557	259
Bataille de Dreux.	1562	264
Bataille de Moncontour.	1569	268
Saint-Barthélemy, et comment Mergey y échappe.	1572	270
Le duc d'Anjou est nommé roi de Pologne.	1573	273
Le duc de Guise prisonnier à Tours.	1588	274
Massacre de Vassy.	1562	306
Bataille de Dreux.	1563	308
Deuxième paix à Longjumeau.	1568	310
Passage du duc de Deux-Ponts des bords du Rhin en Aquitaine.	1569	323
Bataille de Moncontour.		325
Troisième paix avec les huguenots.	1570	336
Massacre de Vassy.	1562	341
Prise d'Annonay.	1567	342
Saint-Barthélemy.	1572	343
Misère et soulèvement dans le Vivarais.	1585	351
Persécution contre les protestans.	1560	353
Arrivée du baron des Adrets en Languedoc.	1562	359
Bataille de Jarnac.	1569	363
Toulouse adhère à la Ligue.	1589	373
Pacification du Languedoc.	1590	374
Henri de Turenne est amené à dix ans à la cour de Charles IX.	1565	376
Bataille de Saint-Denis.	1567	379
Batailles de Jarnac et de Moncontour.	1569	384
Massacre de la Saint-Barthélemy.	1572	384
Des ambassadeurs viennent offrir au duc d'Anjou la couronne de Pologne.	1573	388
Le jeune Turenne balance entre la messe et le protestantisme.	1575	403
Le roi de Navarre rentre dans le protestantisme.	1576	406
États de Blois.	1577	41*

Nos des vol.	Noms des auteurs.	Date de leur naissance.	Titre de leurs ouvrages.
Suite du 14e volume.	Suite de HENRI DE LA TOUR D'ALVERGNE.		
	GUILLAUME DE SAULX-TAVANNES.	Né en 1544, mort en 1633.	Mémoires.
	MARGUERITE DE VALOIS, reine de France et de Navarre.	Née en 1540, morte en 1615.	Mémoires.
	JACQUES-AUGUSTE DE THOU.	Né en 1553, mort en 1616.	Mémoires.
	JEAN CHOISNIN.	Né en 1530.	Mémoires.
	MATHIEU MERLE, baron de Salavas.	Né en 1548, mort en 1680.	Mémoires.
15e volume.	PIERRE DE LA PLACE.	Né en 1526, mort en 1572.	Commentaires de l'état de la religion et de la république sous les rois Henri II, François II et Charles IX.

Avénemens décrits dans ces divers ouvrages.	Date des faits.	Emplac. de la page.
Commencement de la Ligue.		
Liaison amoureuse d'Henri IV.	1581	425
Henri va en Béarn pour voir la comtesse de Guiche.	1585	429
Prise de Montaigut.	1580	431
		432
François II, après la mort de son père, appelle les Guise au pouvoir.		
Bataille de Dreux.	1550	435
Journée du duc de Deux-Ponts ou France.	1567	449
Bataille de Montcontour.	1569	453
Tavannes se justifie d'avoir conseillé la Saint-Barthélemy.		459
Le duc d'Anjou va régner en Pologne.	1572	
Traité d'union entre le roi et les Guise fait à Nemours.	1574	450
Assassinat du duc de Guise.	1588	467
Siège de Paris.	1589	480
Bataille d'Ivry.	1589	482
Moson et Lyon se soumettent au roi.	1590	486
Tunis la Bourgogne se soumet.	1594	487
Progrès du protestantisme à la cour de France.		
Bataille de Moncontour.	1560	507
Mariage de Marguerite avec le roi de Navarre. Massacre de la Saint-Barthélemy.	1569	511
Retour du roi de Pologne en France.	1572	544 à 549
Commencement de la Ligue et sa signature.	1574	518
Voyage de Marguerite aux eaux de Spa, et réception magnifique que lui fait don Juan de Flandre.	1576	521
Henri III est gouverné par ses favoris.	1577	521 à 528
Marguerite va trouver son mari en Gascogne, et ils vont en Béarn; détails d'intérieur.	1578	543 à 548
Bois humiliant auquel Henri IV veut forcer Marguerite.	1579	508 à 557
	1581	561 à 569
Voyage scientifique de De Thou.		
Saint-Barthélemy.	1570	562
Voyage de De Thou en Italie.	1571	566
Il visite la Flandre.	1573 à 1574	570 à 580
Il visite Plombières, Strasbourg et Bade.	1577	582
De Thou est nommé député au parlement de Paris.	1579	543
Ses entretiens avec Michel Montaigne, maire de Bordeaux.	1581	588
Tenue des Grands-Jours à Clermont.	1582	592
Détails et mort du duc de Joyeuse en Saintonge.		608
Exils de filles et assassinat du duc de Guise.	1587	610
Bataille de Coutras.	1588	628 à 631
De Thou est envoyé à Florence et à Venise.	1589	642
Les cinq petits cantons suisses sont achetés par l'Espagne et la Ligue.		640
Bataille d'Ivry.		643
De Thou commence à écrire son histoire.	1590	651
Henri IV se fait sacrer à Chartres, et rentre à Paris.	1593	657
Edit de Nantes.	1594	668
Conditions imposées par le pape en compensation de l'édit de Nantes.	1598	669
Conférence entre le cardinal du Perron et Duplessis-Mornay.	1600	672
	1680	676
Choisnin est envoyé en Pologne.		
A la mort du roi, la couronne est sollicitée pour le duc d'Anjou, mais le souvenir de la Saint-Barthélemy leur éloigne d'abord les Polonais ; les négociateurs en rejettent le blâme sur le peuple.	1572	678
Divers partis briguent la couronne.		582 à 700
Intrigues auprès de la diète assemblée à Varsovie.		693
Le duc d'Anjou est élu roi de Pologne.	1513	706 à 725
Les négociateurs français éprouvent de grands obstacles pour rentrer en France; détails sur les mœurs polonaises.		730
		744
Merle est nommé écuyer de M. de Peyre, qui est tué à la Saint-Barthélemy.		744
Il s'empare d'Issoire par assaut.	1572	149
Le roi de Navarre lui ordonne de rendre Issoire.	1574	
Merle surprend la ville de Mende.	1576	748
Il va à Genève.	1579	
	1580	730
Bataille de Saint-Quentin.		
Prise de Calais par les Français.	1552	1
Synode de la réforme tenu à Paris et lisant les quarante-deux articles de la foi protestante.	1555	8
Diète d'Augsbourg.		14
Mort d'Henri II dans un tournoi.	1559	18
Exécution du conseiller du Bourg, et expédition du procès des autres conseillers.		70
Michel de l'Hôpital est nommé chancelier.		23
Déclaration de Regnier de la Planche à la reine.	1560	40
Assemblée de Fontainebleau.		41
Assemblée des états généraux et conseil national.		51
Les états convoqués à Orléans sont renvoyés.		70
Nouvelle convocation des états à Orléans.		72 à 77
La compagnie écossaise est cassée.	1561	12 à 112
		114

N° des vol.	NOMS DES AUTEURS.	DATE DE LEUR NAISSANCE.	TITRES DE LEURS OUVRAGES.
Suite du 13e volume	Suite de PIERRE DE LA PLACE..		
	RÉGNIER DE LA PLANCHE	Entre 1530 et 1560	Histoire de l'estat de la France, tant de la république que de la religion, sous le règne de François II.
			Livre des Marchands
	THÉODORE-AGRIPPA D'AUBIGNÉ	Né en 1550, mort en 1630	Mémoires
	FRANÇOIS DE RABUTIN	Au seizième siècle	Guerres de Belgique

ÉVÉNEMENTS DÉCRITS DANS CES DIVERS OUVRAGES.	DATE des faits.	INDICAT. de la page.
Assemblée de Poissy		131
Guerre entre le duc de Savoie et les vallées vaudoises au sujet de la religion, et traité de conciliation.	1561	134
Persécution des protestants dans les Pays-Bas.		137
Assemblée des états à Saint-Germain.		138
Conférence de Poissy entre le cardinal de Lorraine et Théodore de Bèze		187
La discussion engagée se continue pour arrêter la rédaction d'un programme commun.		189
L'assemblée est rompue.		201
Exposition de l'état de la France et de l'état de la cour à l'avénement de François II.		
Procès du conseiller du Bourg	1559	202 à 205
On conseille à François II la convocation des états; Philippe II lui écrit pour l'en détourner et lui offrir des troupes		206 à 229
Supplice de du Bourg		316
Assemblée des états généraux.		246
Complot de la Renaudie découvert	1560	239
Mort de la Renaudie.		240
Mort du chancelier de l'Hôpital		254
Henri VIII, roi d'Angleterre, et ses femmes		267
Édit de Romorantin		277
L'imprimeur d'une brochure intitulée le Tygre est pendu.		283
Départ secret du prince de Condé.		312
Conversation de Regnier de la Planche avec Catherine de Médicis.		315
Convocation des états à Fontainebleau		316
Convocation des états à Meaux		349
Convocation du concile à Trente		363
Le roi de Navarre est mandé à la cour		402
Danger qu'il court		406
Mort de François II et réflexions sur l'état des partis		418
Arrivée du cardinal de Lorraine à Paris et dispersion de sa garde par le connétable de Montmorency.		420 à 429
Éloge du progrès des lettres sous François Ier.		438
Revue historique de la maison de Lorraine; de Ferry de Vaudemont, grand-père des Guise.		440
Le hideur de Vaudemont, fils de Ferry; comment il vient en France réclamer des pensions qui lui ont été dues; Lothaine, le cardinal de Lorraine et le duc de Guise.		
Le duc de Guise écrit complaisant, laissant ses deux fils, le duc de Guise et le deuxième cardinal de Lorraine, tuteurs du conseil du roi.		431
Origine de la brouillerie entre les Guise et Coligny.		433
Réhabilitation des Guise.		
Siége des magistrats, des bourgeois de Paris et des présidents de Thou, Chrétien et La Place.		436 à 436
Réplique hardie d'un greffier au cardinal de Lorraine en faveur des Parisiens.		444
Massacre de Vassy		447
Revue historique des derniers chevaliers du Guet.		456
Revue historique de la maison de Montmorency.		459
La France ne reconnaît de princes que les princes du sang; réponse hardie du président Lizet au cardinal de Lorraine à ce sujet		460
Comparaison entre les maisons de Guise et plusieurs autres maisons ou royales ou nobles de France.		463
Moyens des Guise pour se rendre puissants et riches en France.		463 à 464
		466
D'Aubigné entre au service du roi de Navarre.		470
Il sauve la vie au roi de Navarre; amours du roi et des princesses de Navarre.	1574	485
Il se brouille avec le roi de Navarre et quitte la cour	1577	487
Il se réconcilie et revient à la cour	1578	489
Il change de religion	1585	496
Ses remontrances au roi, qui veut épouser la comtesse de Guiche.		499
Ses rendez-vous avec le comte de Brissac	1589	503
Il est fait maréchal de camp.	1616	511
Il demande à être relevé de ses emplois.	1620	513
Retiré à Saint-Jean d'Angely, il achève l'impression de ses ouvrages, qui sont condamnés au feu; il se retire à Genève.		515
Belle réception qu'on lui fait en Suisse.	1621	518
Ses querelles avec son fils.		559
Il se fixe à Genève		552
Le duc de Brissac est envoyé en Piémont au moment de la rupture du roi avec l'empereur, et de son enrichissement des territoires de Parme et de Plaisance	1551	526
Renouvellement des alliances avec les Suisses et les Grisons.		576
L'empereur porte ses vues sur Metz, Toul et Verdun.		579
Metz se rend au connétable.		540
Voyage du roi de France en Lorraine et en Alsace, et son retour.		543 à 546
Passage de la Meuse par l'armée française	1552	552
Passage de la Moselle et ravages commis par l'armée		554
Forces que le roi confie au duc de Bouillon		558
Le marquis Albert de Brandebourg marche au service du roi.		564
Pillages de ses troupes; révolte des communes; massacre des étrangers.		568
Bonnes dispositions prises par le duc de Guise pour la défense de Metz		573
Retraite de l'empereur et détails de la défense de Metz.		581 à 582
Guerre civile parmi les Allemands.	1553	584

Nos des vol.	NOMS DES AUTEURS.	DATE DE LEUR NAISSANCE.	TITRE DE LEURS OUVRAGES.
Suite du 15e volume.	Suite de FRANÇOIS RABUTIN.....		
16e volume.	ROBERT MACQUEREAU......	Au seizième siècle..........	Traicté et recueil de la maison de Bourgogne ou seront les chroniques.
	PHILIPPE HURAULT, comte de Cheverny	Né en 1528, mort en 1599.....	Mémoires........
	PHILIPPE HURAULT........	Né en 1579, mort en 1620......	Mémoires........
	JACQUES PAPE, seigneur de Saint-Auban.	Au seizième siècle..........	Mémoires........
	JACQUES GILLOT, FLORENT CHRESTIEN, NICOLAS RAPIN, PITHOU, PASSERAT, GILLES DURAND.	Au seizième siècle..........	Satyre ménippée........

ÉVÉNEMENS DÉCRITS DANS CES DIVERS OUVRAGES.	DATE des faits.	INDICAT. de la page.
Ruine de la plus grande partie de l'Artois.		567
Le duc de Savoie se réunit aux Impériaux contre nous	1544	641
bataille de Renty		
Négociations tentées inutilement pour la paix		620 à 625
Efforts des impériaux pour chasser les Français d'Italie	1555	627
Charles V, fatigué, se décide à une abdication et donne ses conseils à son fils Philippe II		651 à 657
Marie, reine d'Angleterre, déclare la guerre à la France	1556	663
Siège de Saint-Quentin, et défaite de l'amiral	1557	656
Retour du duc de Guise et de l'armée d'Italie		657 à 710
Prise de Calais par le duc de Guise		718
Assemblée des états du royaume		719
Mariage du dauphin (depuis François II) avec Marie Stuart		736 à 737
bataille des Français à Gravelines	1558	738
Projet de diète d'Augsbourg		748
Obsèques de Charles V		754
Conclusion de la paix		756 / 760
Naissance de Charles V à Gand le 23 février		
Philippe, père de Charles V, devient roi de Castille	1509	4
Mort de Philippe, roi de Castille, le 25 septembre	1502	7
L'empereur et le roi d'Angleterre mettent le siège devant Tournay	1506	15
Siège de Brescia	1513	40
Charles, roi d'Arragon, est élu empereur des Romains à Francfort, et est couronné à Aix-la-Chapelle	1515	14
Le roi de Fressou s'allie au Grand Seigneur	1519	85 à 94
Charles de Bourbon refuse d'épouser Louise de Savoie, mère du roi, et passe au parti de l'empereur	1523	110
Siège de Rhodes par les Turcs		112
Siège de Pavie et prise de François Ier		117
L'empereur ordonne au duc de Bourbon de faire tuer le roi prisonnier	1524	134 à 143
Le roi François Ier est conduit en Espagne		152
Paix entre Charles V et François Ier, et délivrance de François Ier		153
Charles V donne au duc de Bourbon le duché de Milan	1525	161 à 164
Les Turcs envahissent la Hongrie, et le roi Louis de Hongrie est tué		166
Siège de Rome par le connétable de Bourbon et mort de Bourbon au sac de Rome	1526	174 à 176
	1527	901 à 910
Naissance de Philippe Hurault		
Il est créé chancelier du duc d'Orléans	1558	221
Le roi nomme le duc d'Anjou son lieutenant général	1565	223
Bataille de Jarnac	1566	225
Bataille de Moncontour	1569	
Saint-Barthélemy		226
Départ d'Henri pour son royaume de Pologne	1572	229
Retour du roi de Pologne en France après la mort de Charles IX	1573	237
Philippe Hurault est nommé garde des sceaux, puis chancelier de France	1574	234
La guerre civile recommence	1576 à 1582	238 à 241
Le duc de Guise vient à Paris, et le roi abandonne la ville	1585	913
Assassinat du duc de Guise à Blois	1586	247 à 249
Assassinat d'Henri III par Jacques Clément		253
Henri IV donne les sceaux de France à Cheverny	1589	258
Les états de la Ligue s'assemblent à Paris	1590	269
Henri IV se fait instruire dans la religion catholique et abjure le 25 juillet	1593	259
Il est sacré à Chartres le 21 février		290 à 291
Reddition de Paris, en mars	1594	300
Jean Chastel essaie d'assassiner Henri IV le 27 décembre, et les jésuites sont chassés de Paris		302
Négociation avec le pape au sujet de l'absolution du roi		310
Édit de Nantes en avril	1598	315
Henri IV veut épouser Gabrielle d'Estrées	1598	342
	1599	344
Mort du chancelier de Cheverny		
Négociations pour le divorce du roi et pour son mariage avec Marie de Médicis le 25 avril		253
Henri IV érige la terre de Verneuil en marquisat pour Mme d'Antragues	1600	267
Arrivée de Marie de Médicis à Lyon, où le roi va la trouver		366
Paix avec le duc de Savoie		380
	1601	381
Saint-Barthélemy		
M. de Chatillon offre à Jacques Pape la compagnie de gendarmes, qu'il accepte	1572	393
Il revient avec M. de Chatillon, qu'il accompagne dans son voyage en France	1586	
	1587	398
Abrégé de l'histoire de la Ligue		
Assemblée des états de la Ligue le 10 février	1576 à 1594	413
Supplément du Catholicon	1593	434
Nouvelle des régions de la lune		514
Abrégé des états de la Ligue		515
Siège de Paris		552
Discours sur l'état présent de la France	1591	464 à 588
		593

N° des vol.	NOMS DES AUTEURS.	DATE DE LEUR NAISSANCE.	TITRE DE LEURS OUVRAGES.
17e volume.	PIERRE DE L'ESTOILE	Né en 1536, mort en oct. 614 .	Mémoires, registres et journaux du règne d'Henri III.
			Idem du règne d'Henri IV . . . .
			Idem du règne de Louis XIII.. . . . .

ÉVÉNEMENS DÉCRITS DANS CES DIVERS OUVRAGES	DATE des faits.	INDICAT. de la page
Détails sur la Saint-Barthélemy	1572	
Mort du poëte Jodelle	1573	
Mort de Charles IX	1574	
Geoffroi Valée d'Orléans est pendu pour un libelle anti-religieux		
Le roi Henri III arrive de Pologne à Lyon par Turin, le 6 septembre		
Henri III change le cérémonial et se fait toujours qualifier de majesté	1575	
Henri de Bourbon, roi de Navarre, se sauve de Paris le 2 février, et fait abjuration à Alençon de son catholicisme forcé		
La paix est publiée à Paris	1576	
Le roi ouvre les états de Blois (13 décembre)		
Les comédiens italiens, surnommés *I Gelosi*, mandés de Venise par le roi, commencent à jouer en février à Blois, et le 19 mai suivant à Paris	1577	
Duel entre Bussy et Grammont	1578	
Assassinat de Saint-Mégrin		
Deux fils brûlés avec leur père à Paris, pour avoir blasphémé la Sainte-Vierge (le 20 août)		
Henri III établit l'ordre du Saint-Esprit le 1er janvier	1579	
Bussy d'Amboise est assassiné par le seigneur de Montsoreau		
Commencement des postes à Paris	1580	
Henri III parcourt les rues de Paris masqué avec ses favoris le jour de Carême prenant	1583	
Henri III renvoie sa sœur Marguerite au roi de Navarre son mari, par suite des scandales survenus au sujet de Chamvallon et de plusieurs autres		
Mort de Pybracq (le 27 mai)	1584	
Henri III réglemente les costumes de sa cour	1585	
L'entreprise de la Ligue, à laquelle prennent part les Guise, le roi d'Espagne et le duc de Savoie, commence à se découvrir		
Election de Sixte-Quint (24 avril)		
Henri III entre dans la Ligue (20 juin)		
Une bulle de Sixte V contre le roi de Navarre amène les remontrances du parlement de Paris		
Mort du poëte Ronsard (28 décembre)		
Marie Stuart est amenée à la tour de Londres et est condamnée à mort	1586	
Elle est exécutée le 18 février	1587	
Journées de Coutras (20 octobre)		
Mort du prince de Condé (5 mars)	1588	
Henri III reçoit avis d'un complot tramé à Paris par la Ligue (24 avril)		
Le duc de Guise arrive à Paris pour défendre les siens (9 mai)		
Dispositions prises par les deux partis; journée des Barricades (12 mai); départ d'Henri III de Paris le 13 mai		
Fermeté de l'ambassadeur d'Angleterre vis-à-vis du duc de Guise		
L'édit d'union est publié par le parlement le 21 juillet		
Le roi nomme le duc de Guise son lieutenant général, en date de Chartres, 4 août		
Destruction de la grande flotte envoyée par Philippe II contre l'Angleterre		
Le roi ouvre les états de Blois (16 octobre)		
Le roi jure sur le Saint-Sacrement l'oubli de toutes ses querelles contre le duc de Guise (4 décembre)		
Le roi fait assassiner le duc de Guise (23 décembre)		
Réconciliation d'Henri III avec le roi de Navarre	1589	
Une femme huguenote est brûlée à Paris (juillet)		
Les deux rois approchent leur camp de Paris		
Assassinat d'Henri III par le moine jacobin Jacques Clément (1er août)		
Arrêt du parlement de Rouen contre ceux qui adhéraient à Henri IV contre Charles X (3 septembre)		
Grande revue des ligueurs (3 juin)	1590	
Henri IV permet quelque soulagement de la famine de Paris (20 août)		
Déclaration du roi en faveur de la religion catholique		
Mort d'André Thevet le cosmographe (novembre)		
Ouverture des états de la Ligue à Paris par le duc de Mayenne (26 janvier)	1593	
Henri IV abjure le protestantisme (25 juillet) dans l'église de Saint-Denis		
Harangue d'Henri IV aux députés des Huguenots à Mantes (novembre)		
Henri IV se fait sacrer à Chartres (2 mars)	1594	
Henri IV entre dans Paris (le 22 mars)		
Mort du savant Pithou (novembre)		
Traité de Vervins (2 mai)	1596	
Henri, duc de Joyeuse, reprend l'habit de capucin (8 mars	1598	
Avis de M. Séguier sur le rétablissement des Jésuites (29 décembre)	1599	
Bellegarde, grand écuyer de France, est envoyé à Florence pour demander la main de Marie de Médicis	1600	
Marie de Médicis débarque à Toulon (20 octobre)		
Exécution du comte d'Essex (février)		
Traité avec le duc de Savoie, qui donne Bourg et la Bresse en échange du marquisat de Saluces	1601	
Procès du maréchal de Biron; son exécution (juillet)	1602	
La reine Marguerite revient à Paris et se loge à l'hôtel de Sens (août)		
Amour d'Henri IV pour la princesse de Condé (Mlle de Montmorency)	1605	
Assassinat d'Henri IV (14 mai)	1609 1610	
Le parlement de Paris condamne le livre du jésuite Mariana *De rege et regis institutione* (8 juin)		
Le château de Julliers est remis entre les mains des princes de Brandebourg (2 septembre)		
Sully, après s'être démis de ses charges, se retire à Rosny (5 février)		
Faveur du marquis d'Ancre	1611	

Nᵒˢ des vol.	NOMS DES AUTEURS.	DATE DE LEUR NAISSANCE.	TITRE DE LEURS OUVRAGES.	ÉVÉNEMENTS DÉCRITS DANS CES DIVERS OUVRAGES.	DATE des faits.	INDICAT. de la page.
19ᵉ volume.	Palma Cayet	Né en 1525, mort en 1610	Chronologie novénaire.	Comment la Ligue fut formée en 1576; prise d'armes; bataille de Coutras; journée des Barricades et principaux événements depuis la prise d'armes de 1584 jusqu'en 1588, en forme d'introduction....	1576 à 1588	1 à 39
				Prise d'armes contre le roi Henri III, à l'occasion de l'assassinat du duc de Guise....	1589	90
				Mort de Catherine de Médicis.		98
				Serment de l'union fait au parlement de Paris.		105
				Le duc de Mayenne arrive à Paris et est créé lieutenant général du royaume.		108
				Le duc de Mercœur et la Bretagne se révoltent contre le roi.		114
				Entrevue des rois de France et de Navarre au Plessis-lès-Tours.		123
				Assassinat d'Henri III par Jacques Clément.		159 à 168
				Déclaration d'Henri IV, à son avènement à la couronne, de se faire instruire au catholicisme dans six mois.		171
				Digression sur la maison de Navarre et sur les premières amours d'Henri IV.		171 à 183
				L'Union récompense la mère de Jacques Clément.		184
				Journée d'Arques.		190
				Intrigues de Philippe II en France.		193
				Digression sur les affaires de Pologne, depuis la mort d'Étienne Bathory.	1586 à 1588	248
				Le duc de Mayenne se réunit aux forces envoyées par le roi d'Espagne et passe la Seine.	1590	231
				Bataille d'Ivry.		254
				Henri IV assiège Paris; mort du cardinal de Bourbon.		256
				Revue militaire faite à Paris par des moines.		254
				Famine à Paris.		260
				Prétentions du roi d'Espagne et du duc de Mercœur sur la Bretagne.		292
				Le margrave de Bade abjure le luthéranisme.		294
				Journée des farines à Paris.		296
				Le pape envoie des secours d'argent et d'hommes à la Ligue.	1591	308
				Henri IV déclare maintenir l'édit de pacification et les libertés de l'église gallicane.		414
				Du siège de...		474
				Le comte de Belgiojoso et ses deux mille Italiens se rendent à discrétion, à Avalon.		334
				Le vicomte de Turenne épouse la duchesse de Bouillon, prend Sedan la veille de ses noces et est fait maréchal.		338
				Mayenne arrive à Paris pour réprimer les seize; mort du président Brisson.		353 à 362
				Soulèvement populaire à Saragosse; privilège des Arragonais.		375
				Le duc de Parme est blessé d'un mousquet au bras.	1591	400
				Lesdiguières va attaquer le duc de Savoie au delà des monts.		410 à 474
				Le comte du Bouchage quitte l'habit de capucin et est nommé gouverneur de Toulouse.		490
				Mort du duc de Parme à Arras.		443
				Convocation des états de la Ligue à Paris par le duc de Mayenne.	1593	437
				Conférence de Suresnes portées à la Roquette et à la Villette.		484 à 496
				Les ambassadeurs d'Espagne demandent la couronne de France pour l'infante d'Espagne et pour l'archiduc Ernest d'Autriche.		533
				Arrêt du parlement de Paris qui annule tout traité qui transporterait la couronne à un étranger.		540
				Conversion d'Henri IV à Saint-Denis.		546
				Barrière est exécuté pour avoir voulu tuer Henri IV.		558
				Conférence de Maurice entre le cardinal du Perron et le ministre protestant Rotan.		560
				Livre du Manant et du Maheustre publié par les seize.		581
				Pourquoi les Espagnols proposent le mariage de l'infante et du duc de Guise.	1594	602
				Désunion de la Ligue.		603
				Orléans et Bourges se soumettent à Henri IV.		606
				Sacre du roi à Chartres.		611 à 621
				Entrée du roi à Paris.		625
				Des Tard-Avisés ou Croquants qui se soulèvent en Limousin, Périgord, etc.		635
				Procès intenté par le recteur de l'université de Paris aux... aux Jésuites.		664 à 682
				Attentat de Jean Chatel et son supplice, et expulsion des Jésuites.		691
20ᵉ volume.			Chronologie septénaire.	Journée de Fontaine-Française.	1595	15
				Du Perron est envoyé par le roi à Rome pour négocier sa réconciliation; conditions exigées par le pape.		40
				Conversion de Palma Cayet.		44
				Guerre des Turcs en Hongrie.		54 à 100
				Les Espagnols brûlent Palos en Maroc.		71
				Entrée d'un légat du pape à Paris.		100
				Harangue du roi à Rouen.	1596	107
				Lesdiguières entre en Savoie et prend Saint-Jean-de-Maurienne.		124
				Retour du roi à Paris, et réception qui lui est faite.	1597	146
				Voyage du roi en Bretagne; édit rendu à Nantes en faveur des protestants.	1598	150
				Paix de Vervins.		167
				Remontrance du clergé de France au roi.		169
				Édit et déclaration de Nantes sur les édits de pacification.	1599	199
				Le duc de Joyeuse se refait capucin.		223
				Un spectre appelé le Grand-Veneur de la forêt de Fontainebleau.		229
				Sentence du Saint-Siège pour la dissolution du mariage entre le roi et Marguerite.		230
				Le président de Silley négocie le mariage avec Marie de Médicis.		231
				Traité de mariage avec Marie de Médicis; digression sur les Médicis.	1600	243
				Divers attentats contre le roi.		263
				Conquêtes du roi en Savoie et en Bresse.		276

N° des vol.	Noms des auteurs.	Date de leur naissance.	Titre de leurs ouvrages.
Suite du XXIe volume.	Suite de Palma Cayet		
	MICHEL DE MONTAIGNE	Né en 1533, mort en 1592	Mémoires ....
	VILLEROY	Né en 1543, mort en 1617	Mémoires d'État ....
	CHARLES DE VALOIS, duc d'Angoulême.	Né en 1573, mort en 1650	Mémoires ....
22e volume.	PIERRE JEANNIN	Né en 1540, mort en 1623	Négociations du président Jeannin. ...

Événemens décrits dans ces divers ouvrages.	Date des faits.	Indicat. de la page.
Mariage du roi	1600	287 à 296
Paix entre la France et la Savoie	1601	306
Exécution du comte d'Essex		312
Sur le roi Sébastien de Portugal		317
Prise de Château-Neuf, ou Passava de Morée, par les chevaliers de Malte		347
Conspiration et exécution du duc de Biron	16--	343
Renouvellement de l'alliance avec les Suisses		351
Surprise de Lépante et de Patras par les chevaliers de Malte	1603	363
Manufactures de soie, d'or, d'argent, de cristaux, introduites en France		441
Navigation des Français en Canada et leur établissement dans ce pays		446
Rétablissement des Jésuites en France, et digression sur cet ordre	1604	449—459
Des canaux à établir en France, et des manufactures		462
Institution des Ignorantins		472 à 474
Rétablissement du commerce entre les Français et les Espagnols		478 / 507
De la Ligue, et comment Morillas propose au roi catholique français l'exclusion de toute famille étrangère		
Arrêt du parlement en faveur de cette opinion	1603	519 à 528
Villeroy est pourvu par Charles IX de la charge de secrétaire d'état à 22 ans		
À la mort de Charles IX, il est envoyé au-devant d'Henri III, qu'il rencontre à Turin	1564	533
Il est employé à traiter la paix avec le roi de Navarre	1574	535
Il est envoyé par le roi à Épernay auprès de sa mère pour préparer la paix	1513	547
À propos de l'assassinat du duc de Guise, Villeroy cherche à expliquer sa politique, qui n'est pas pour les moyens violens	1561	548
Il rend compte de ses négociations auprès du duc de Guise. Il était chargé, de la part du roi, de lui offrir, après les barricades, la lieutenance du royaume; mais il cacha ce pouvoir pour obtenir du duc de meilleures conditions	1588	540 à 566
Villeroy justifie sa conduite et se défend d'avoir été favorable aux Guise		547
Il se justifie d'avoir conseillé à son fils d'entrer dans la Ligue après l'assassinat du duc de Guise	1589	561
Villeroy expose la peine qu'il s'est donnée pour faire la paix entre Henri IV et le duc de Mayenne		548
Advis de Villeroy à M. le duc de Mayenne après la mort d'Henri III		608
Harangue projetée de Villeroy aux états de Paris		664
Lettre de Villeroy au duc de Mayenne	1592	626
Discours d'Henri III, tenu à Cracovie, sur les causes de la Saint-Barthélemy	1573	704 à 706
Détails sur l'assassinat d'Henri III	1589	714 à 717
Henri IV prend possession de l'autorité royale		718
Discours d'Henri IV à ses amis sur ses nouveaux devoirs		720
Détails sur la bataille d'Arques et exposé de l'état des partis en France; victoires d'Henri IV sur le duc de Mayenne		724 à 733
Second avantage remporté par Henri IV à Arques		734 à 736
La reine d'Angleterre envoie à Henri IV un secours de 4,000 hommes		720
Henri IV entre à Vernon, à Meulan, à Saint-Germain et tente une attaque sur les faubourgs de Paris		740
Sommaire de la négociation avec les états généraux des Provinces-Unies des Pays-Bas	1607	1 à 5
Pouvoir donné par le roi à Jeannin pour la négociation des affaires des Provinces-Unies		5
Première et deuxième instructions aux sieurs Jeannin et de Boissise		7 à 14
Instruction donnée par Jeannin au sieur de Préaux		17
Correspondance et lettres pièces officielles relatives à la négociation avec les Provinces-Unies		218
Traité de ligue défensive entre le roi et les Pays-Bas	1608	21 à 218
Négociation de Jeannin avec les états généraux pour amasser une paix générale	1608 à 1870	263 à 609
Lettre du Nully à Jeannin, dans laquelle il examine les différences de caractère entre les deux nations française et espagnole, et conclut « que les Français à bout et la persévérance ni la présomption nécessaires en matière des conquêtes éloignées de leur territoire et ne pouvant médiocrement leur vigueur, leur esprit et leur courage que la conservation de ce qui leur touche de proche en proche et leur est incessamment présent devant les yeux »		281
Lettre de Jeannin au roi sur la conférence de passage du Nord	1609	554
Compte rendu, présenté par Jeannin aux états généraux, sur ce qu'il a été fait du côté de la France et de l'Angleterre pour décider le roi d'Espagne et les archiducs à une trève à longues années		630
Continuation de la négociation pour arriver à longues années		631 à 654
Trève de la guerre à longues années		633
Négociation pour les garanties à donner aux catholiques du Brabant		663 à 693
Traité de la garantie de la trève par les ambassadeurs de France et d'Angleterre		701
Traité de partage entre les princes d'Orange, Maurice et Henri de Nassau, par l'intervention des ambassadeurs de France et d'Angleterre		706
Avis donné au roi sur la paix avec l'Espagne avant sa conclusion à Vervins	1598	707
Minute d'édit pour la publication du traité de Trente		710
Avis au roi sur la conclusion du mariage du maréchal de Sillery	1598	712
Sur l'état des finances	1611	714 à 727
Avis de Jeannin sur les moyens de remédier aux troubles d'Allemagne	1620	729
Sur la paix avec les réformés		733 à 742
Preuves de Jeannin sur la vie d'Henri IV		750
Apologie de la conduite de Jeannin pendant la Ligue et sous le règne d'Henri IV		752

N° des vol.	Noms des auteurs.	Date de leur naissance.	Titre de leurs ouvrages.
31e volume.	Pierre de Bourdeille, abbé séculier de Brantôme.	Né en 1540, mort en 1614.....	Vie des grands capitaines étrangers et français.

N° des vol.	Nom des auteurs.	Date de leur naissance.	Titre de leurs ouvrages.
Suite du 21e volume.	Suite de l'ouvrage de Bernier.		

Événements décrits dans ces divers ouvrages.	Date des faits.	Indicat. de la page.
Suite des grands capitaines français :		
D'Alègre		
De la Palisse (maréchal de Châbannes)		202
De Vandenesse		
Bayard		203
Montmoreau		204
Louis d'Ars		206
La Trémoille		207
D'Imbercourt		
Montlohon		210
Fontrailles		212
Moutmaur		213
Du Lude		
De la Crotte		
De Tellent		215
De Chastillon		216
Le baron de Obepy		217
De Maugiron		
De Cerny		218
Le grand maître de Chaumont		
De Longueville		219
Gaston de Foix, duc de Nemours		220
De la Palice		222
Le baron de Bearq		224
De Lautrec		
Le duc de Ferrare		230
De l'Escun		232
De l'Esparre		234
L'amiral de Bonnivet		236
De Fouilloromy		239
De Pierrepont		
De Caeaplce		
Le grand écuyer Galiot		240
De Talx		241
De Pommereuil		
D'Estrée		
De la Bourdaisière		242
De Biron		
De Galet		
De la Cuiche		243
De Saint-Leo		
D'Estrée		
De Rosny		
François Ier		
Le Dauphin, depuis François II		272
Monsieur d'Orléans		274
Le maréchal de Chastillon		277
Le cardinal de Chastillon		
Robert de la Marche		278
Le maréchal de la Marche		
Le comte Bampmerlin		
Le maréchal de Bouillon		279
L'amiral de Brion		
De Vendôme		282
De Saint-Pol		
L'amiral d'Annebault		283—284
Le maréchal de Bemejean		283
De Langey		284
D'Angulen		287
De Boutières		288
Le duc Antoine de Lorraine		290
Claude de Lorraine, dit M. de Guise		
De Vieilmont		292
Le comte de Sancerre		295
Henry II		296
Le connétable Anne de Montmorency		313—314
Le chancelier de l'Hospital		317
Le maréchal de Montmorency		322
Le maréchal d'Amville		327
De Méribeton		340
De Meru		341
De Thoré		
René, bâtard de Savoie, grand maître de France		342
Le comte de Tende		343
Le marquis de Villars		
D'Esse		344
De Burie		345
De Sansac		
La Roche du Maine		351

N° des vol.	NOMS DES AUTEURS.	DATE DE LEUR NAISSANCE.	TITRE DE LEURS OUVRAGES.
Suite du 1er volume.	Suite de PIERRE DE BOURDEILLE.		

ÉVÉNEMENS DÉCRITS DANS CES DIVERS OUVRAGES.		DATE des faits.	INDICAT. de la page.
Suite des grands capitaines français :	Le maréchal de Termes		364
	D'Aussun		366
	De Monlluc		362—366
	Le baron des Adrets		365
	Le maréchal de Rié		373
	Le maréchal de Brissac		
	Le maréchal de Cossé		380
	De Vassé		384
	De Salvoyson		385
	Léon Strozzi		385
	Le baron de La Garde		389
	Le grand prieur de France		403
	De Nemours		407
	François de Lorraine, le grand duc de Guise		414
	Le cardinal de Lorraine		442
	Le cardinal de Guise		444
	Le marquis d'Elbœuf		
	D'Aumale		
	L'amiral de Chastillon		448
	Le prince de Condé		462
	Antoine de Bourbon, roi de Navarre		470
	François de Clèves, duc de Navarre		474
	De Montpensier		479
	Le prince de la Roche-sur-Yon		487
	Le maréchal de Saint-André		488
	De La Brosse		491
	Le maréchal de Vielleville		
	Le maréchal de Bourdillon		501
	La Chastaigneraye		504
	De Tavannes		508
	Le maréchal de Biron		518
	Le maréchal de Matignon		520
	Le maréchal d'Aumont		534
	M. de Chavigny		535
	De Lavaguyon		
	Le maréchal de la Chastre		536
	De Montsalès		537
	Des Diguières		536
	De Mercœur		539
	Le maréchal de Bellegarde		541
	De La Valette		546
	De Parisot, grand-maître de Malte		547
	Charles IX		565
Colonels, généraux et maîtres de camp français :	De Taye		672
	De Chastillon, second colonel de l'infanterie française		697
	D'Andelot		630—640
	De Randan		631
	De Hartigues		634
	De Strozzi		641
	D'Espernon		653—680
Colonels de nos bandes de Piémont :	De Bonnivet		657
	Le vidame de Chartres		660
	Le prince de Condé		664
	Timoléon de Cossé, comte de Brissac		
	Charles de Cossé, maréchal de Brissac		670
	De Strozzi		675
Colonels français dans d'autres parties :	Le Capitaine Valleron		671
	De Givry		675
	Duc de Nemours		679
	De Bussy		691
	De La Rochapot		685
Colonels huguenots du roi de Navarre :	De Lavardin		
	Le comte de La Roche-Foucault		688
Colonel de la Ligue :	Le chevalier d'Aumale		690
Colonel français en Pologne :	Du Gua		696
Colonels italiens au service de France :	François, marquis de Saluces		692
	Duc de Somma		
	Le comte de Galazzo		693
	Adrian Baglione		
	Rossi de Céré		
	San Petro		

N° des vol.	NOMS DES AUTEURS.	DATE DE LEUR NAISSANCE.	TITRE DE LEURS OUVRAGES.
Suite du 21e volume.	Suite de PIERRE DE BOURDEILLE		
22e volume.			
	ANDRÉ VICOMTE DE BOURDEILLE.	Né en 1517, mort en 1582	Œuvres diverses ....

ÉVÉNEMENTS DÉCRITS DANS CES DIVERS OUVRAGES.	DATE des faits.	INDICAT. de la page.
Suite des col. italiens au serv. de France : Alfonso Corso............		695
Colonels allemands au service de France : Le comte Guillaume de Nato............		
Claude de Lorraine, dit le Grand-duc de Guise		
Sébastien Selgebenet		
Le comte Steingrave. Le comte de Rochendorf		
Rheinerock, Jacob............		686 / 687 à 6..
Colonels suisses au service de France : Pourly, Tocquenot, Galais		688—69.
D'Anville, De Nancy		699
Le comte de Tavila		
Le comte d'Estampes		
Roghelbert de Clèves		
Le bailli de Dijon. Le marquis d'Elbœuf. Le duc de Niron..		
Discours sur les duels et combats en champ clos en France et ailleurs............		701
Hieronoutades espagnoles............		3
De La Noue............		68
De quelques belles retraites............		89
Dames illustres : Anne de Bretagne, reine de France............		105
Catherine de Médicis, reine de France............		112
Marie Stuart, reine de France et d'Écosse............		134
Élisabeth de France, reine d'Espagne............		150
Marguerite, reine de France et de Navarre, femme d'Henri IV.		170
Mesdames, filles de la maison de France : Yolande de France............		174
Jeanne de France............		175
Anne de France............		178
Claude de France............		
Renée de France............		180
Marguerite, reine de Navarre............		181
Charlotte de France............		182
Louise de France............		187
Madeleine de France............		
Marguerite de France............		
Élisabeth de France............		
Claude de France............		190
Marguerite de France............		
Victoire de France............		191
Diane de France............		
Isabelle de France............		
Jeanne I de Naples............		192
Jeanne II de Naples............		193
Dames galantes............		243 à 341
De plusieurs illustres sœurs : Isabelle d'Autriche, femme de Charles IX, roi de France...		341
Marie d'Autriche, femme de l'empereur Maximilien		344
Jeanne d'Autriche, mère du roi Sébastien		345
Marie d'Autriche, femme de Louis, roi de Hongrie...		442
Christine de Danemarck, nièce de Charles V, duch. de Lorr.		350
Blanche de Montferrat, duchesse de Savoie		354
Louise de Lorraine, femme d'Henri III de France.		356
Marguerite de Lorraine, femme d'Anne, duc de Joyeuse...		230
Catherine de Clèves, femme de Henri Ier, duc de Guise....		
Catherine de Lorraine, duchesse de Montpensier		
Méon. de Longueville, femme de Louis Ier, prince de Condé.		
La marquise de Saithelin............		359
Madame de Randan		
Madame de Carnavalet		
Madame de Bourdeille		
Suite des dames galantes............		
Opuscule de Pierre de Bourdeille, abbé de Brantôme		345
Fragments de la vie de François de Bourdeille, son père, et lettre à son neveu Henri de Bourdeille		450
Oraison funèbre de Mme de Bourdeille, sa belle-sœur; ses aveux et son testament		461
Maniement de la guerre et office de maréchal de camp.		478 à 494
Correspondance d'André de Bourdeille avec les rois Charles IX, Henri III et Henri IV	1573 à 1583	509 / 505 à 603
Preuves généalogiques de la maison de Bourdeille		604

FIN.

TABLE

DES

MATIÈRES CONTENUES DANS CE VOLUME.

FIN DE LA TABLE.

9 782019 686611